AF366767

JULIÁN NAILES

GUARIDA DE PENAS

Salamanca
2011

*A mis **Padres** y **Hermanos**,*
que serán siempre los pilares de mi vida.
Os quiero.

*A mis queridas **Titas, Isa y Cristeta**,*
por todo el amor que nos tenían,
por todos sus esfuerzos y ayudas,
por ser grandes mujeres.

*A **Joaquín A. Álvarez Gregori**,*
por enseñarme
lo fundamental de la amistad,
la lealtad y el compañerismo.
Gracias Hermano.

*A **"Pepe" Carretero**,*
porque la amistad no tiene edad ni lugar,
Gracias de corazón por tu amistad.

*A **Juan Cordero**,*
porque el destino une
a las personas que luchan por los demás.
¡Cuánto le debo al destino por haberte conocido!

*A **Miguel Blanco** por su gran amistad,*
porque la elegancia no es una máscara.
Sino una forma de ser y una forma de vida.

*A **Estifen Tedejo**,*
porque día tras día me enseña que el arte,
o se tiene o no se tiene, pero no se estudia.
Gracias por el arte de tu amistad

*A **Dª Carmen Muñiz y D. Rafael Muñoz**,*
por todo el cariño que me han demostrado.
Por todos los valores que me han inculcado.
Porque lo esencial es invisible a los ojos.
Gracias.

*A mis gemelos favoritos **David y Alberto,***
porque mirar a través
de los ojos de la música
para dar más sentido a la vida
es un privilegio que solo unos pocos
tenemos reservados.

*A **Sonia,***
por ser una de las buenas personas que
tengo el placer de conocer.
Por intentar hacer todo lo mejor que puedes.
Por ser uno de mis flotadores salvavidas
al que aferrarme en los tiempos de tormenta.
Para que sigas cambiando;
siempre a mejor, porque se puede ser mejor aun,
aunque sea difícil.

*A **Pysty** con cariño*
porque jamás supe hacerte ver
lo importante que es tu amistad.

*A **Esmeralda y Eleonora**, porque el amor*
entre madre e hija
brilla como la tarde de un veraniego día,
punto medio del amor, y por lo tanto virtuoso.

*Para **Marquesa**,*
porque hay pocas periodistas buenas,
que son buenas personas,
que son buenas amigas.

Es un honor ser extremeño.
Y un placer conocer extremeñas como tú,
que hacen que me sienta aún más orgulloso
de serlo.
*Gracias **Bea M. M.** por tu amistad.*

*Para **Jose Luis Burguillo**,*
porque nunca un médico y un abogado
fueron tan grandes amigos.
Gracias por tu amistad.

Siempre hay días que sería mejor
tacharlos en el calendario.
Pero que deben existir para recordarnos
que pese al daño que nos hicieron,
seguimos adelante, luchamos
y descubrimos la fuerza que tenemos.
*El **30 de noviembre del 2006***
fue el mayor error de mi vida.
Gracias porque aprendí de mi error.

Gracias a todos y todas los que han hecho posible este libro de una
u otra forma, y que por la emoción, la fatiga y las prisas de última hora
no les he mencionado. De todas formas, sabéis que os llevo en mi
corazón.

Gracias.

No escribo realidades fraguadas en lo remoto, ni pasados tormentosos que sirvan de inspiración, progreso o recuerdo a las ánimas pérdidas. Prefiero hablar a través de sentimientos plasmados en vidas. Jamás he soñado la vida como me gustaría que fuese, ni le he buscado trucos para hacerla más alegre. Me limito a mirar en las sombras de cada esquina extraviada por las gentes, en los rincones que componen la esencia de lo inmortal. Y sí, a veces siendo *"políticamente incorrecto"* descubro las verdades de esta nuestra existencia, verdades disipadas entre penumbras cercanas, claro-oscuros ante miradas incrédulas por el asombro de nuestra vida. Pero así es la vida, una *Guarida de Penas* con alegrías escondidas.

Julián Nailes.

PARTE 1

GUARIDA DE PENAS

GUARIDA

Algunas acepciones de la RAE para dicha palabra:

-Amparo o refugio para librarse de un daño o peligro.

-Lugar adonde se concurre con frecuencia o en que regularmente se halla alguien.

-Remedio, refugio.

Hoy nos adentraremos en la Guarida de Penas. Allá donde todos, absolutamente todos, veremos cara a cara algunos de nuestros miedos, algunas de las situaciones que acontecieron o lo harán en nuestras vidas, algunas de las penas que quisimos enterrar con el tiempo para dejar de sufrir y aún nos persiguen.

Porque se dice que los temores y los miedos hay que afrontarlos, echarles un pulso vencerlos y después dejar que se marchen a su escondrijo. Donde no los olvidaremos jamás. Donde una vez victoria en mano, los recordaremos, sonreiremos, los habremos superado y nos habrán ayudado a valorar en la justa medida los buenos momentos. Esos que sin las malas rachas y situaciones no sabríamos apreciar ni valorar.

Asaltaremos esas penas en su propia casa, en su *Guarida* donde se refugian y ocultan. Las recordaremos, las haremos tan presentes de nuevo, que no podrán hacernos mas cicatrices. Aprenderemos que nuestra vida nos pone obstáculos. Pero hay que superarlos. Los superaremos.

Después dejaremos que marchen para siempre y no escapen en más ocasiones de su Guarida.

Decía un sabio que al final las cosas siempre salen bien, y si no, es que todavía no es el final.

PASADO

A veces me detengo a pensar y soy consciente que hasta ese momento no sabía qué era lo que hacía, a veces me detengo a observar y me veo perdido entre las calles, miradas y la gente…

A veces vivo en el pasado para despistar las desgracias que me acechan y volver cuando se marchen…

Fueron esos ojos tristes que se clavaron en el horizonte los que llamaron a mi puerta cuando yo estaba en trance...

Mirada que hipnotiza, que bautiza por la mañana el día y muere junto a él cuando se pierde en su pupila, ¿por qué no me ayudas a tener fuerzas cada día?

Fuiste un gran sol lleno de luz y vida. Ahora… ni siquiera la luna te ofrece su tenue y solitaria melancolía. Para mí siempre serás esa mano que me devolvió a la vida, cuando la última flor perdía su último pétalo en el llorar de cada instante, de cada lágrima perdida…

No sé si será esta coyuntura o mi juicio, algo arde en mis venas. Sentado en mi banco sigo mirando esos ojos de mirada triste aún clavados en el pasado.

La lluvia no subirá una vez caída, ni mojará el rostro lleno de vida pues es agua pasada que poco a poco se olvida…Pese a que en su momento dejó abierta una herida.

Es fácil vivir en el pasado, en cualquier otra época mejor que el presente que me golpea.

"Actúa como te gustaría que actuaran contigo" - susurrabas en cada esquina. Lástima, deseaste una existencia bonita para otro y no la quisiste hacer propia. A veces tienen que pasar todos los malos momentos en nuestro camino para que lleguen otros buenos, pero ¿y si los buenos nunca llegan?

Los retrasos tienen su lado bueno, pero hay ocasiones en las que tarde nunca vale. Lo sabías y a pesar de ello intentabas convencerme. Y lo conseguiste. Ahora no puedo darte mi enhorabuena. Tú ya conocías la solución.

A veces cierro mis sentidos para no ver esa mirada y evitar perderme en el espacio, a veces los abro y compruebo estar más perdido que cuando creía estarlo...

No hace falta estar solo para sentir la soledad. Me enseñaste cómo solo en algunos momentos uno puede sentirse más cerca de sus seres queridos cuando están lejos.

Cielo añil, sosegado y desvelado con la gran luz que emana de tus ojos. En la otra orilla del valle te espera un mar lleno de recuerdos.

¿Son mis letras tristes? Pudiera ser, a pesar que me enseñaste a ser positivo, aún hoy siendo un poco menos niño, pero con espíritu de tal, sigo desobedeciendo cuando me dices al oído lo mucho que aprendes de este pobre niño, que te escribe porque siente miedo por esos ojos tristes que dejaste en el pasado.

Me mostraste que se puede conseguir cualquier cosa que uno se proponga, que hay que ser fuerte y que recuerde de donde procedo. Pero a veces es difícil y lo sabes. A veces el mundo se cae a tus pies mientras no puedes hacer otra cosa mas que resignarte ante el desastre...a veces pienso que no aprendí bien todo aquello que me enseñaste.

El viento me acaricia la cara y siento tus manos gélidas. Como la primera vez que te conocí llena de esperanza e ilusiones, me agarraste como si de dos amigos se tratara, todavía no sabía tu nombre (Esperanza, me desvelarías más tarde). Me enseñaste tu mundo, el de verdad, en el cual tú luchabas por los demás. Más tarde yo lo haría por ti.

Me embaucaste. Ahora me doy cuenta, y te odié por ello, por no dejar que te ayudase, en cambio tú quemaste a fuego en mi cabeza, hasta la última gota de aire, que *siempre hay que luchar por la vida y por todo aquello en lo que uno cree.*

CANTAR

Si canto, seguramente lloverá. Y en el fondo no me importa mucho. Cantaré.

Cantar es olvidarme de ti, de tus caricias y mis retrocesos temporales. Dejar el tiempo en su lugar, no revolverlo con huevo ni harina, cada ingrediente en su plato, y la felicidad dividida en trocitos. Cada cual que luche por el suyo.

Cantar es penetrar mi piel con agujas, recordar tu mágica voz, tus labios articulando compases, y ver mis ojos llorando ante mí. No, esta vez no por la envoltura fantástica de tu reclamo. Y sí, sí por el protagonista de la historia que narras.

Cantar es hacerte competencia, o al menos intentarlo. Tu voz no tiene rival. Tus historias de amores, traiciones y esperanzas no pueden ser combatidas. Pero sí tu armadura de cobre, pues el dorado, lo perdió por el camino de mentiras.

Cantar me hace sentir único, fundamental por instantes. Cantar es el caramelo de un niño tras la caída, la sonrisa impotente ante el destino, la morfina a mis dolores: Alivia las obras, los ruidos, pero no soluciona las grietas que existen.

Cantaré de nuevo mi rechazo a las segundas oportunidades. No me gustan los descosidos, no creo en los folios reciclados después de tachones. No deseo rompecabezas que no sean de primera mano. Cuando te di mi tarjeta de presentación, no figuraba cláusula alguna de *confianza reservada ni verdades a medias*. Te otorgué con todo mi ser, con todas mis canciones. Ahora mi tarjeta esta desgastada tras *manipulaciones extrañas*. Ahora; cantaré historias para seguir viviendo, lucharé en todas ellas; para seguir muriendo cada día un poco menos y tú un poco más. Cantaré porque cantar es lo único que hace que te recuerde bella, increíble y hermosa. Cantar es lo único que hace que sigas viva en mi memoria.

ASÍ ME SIENTO

No diré más palabras inútiles. Palabras sin sentido que ya no sonarán en tu cabeza. Las dije todas y se agotaron. Por lo menos se me olvidó si había más.

Jamás volveré al cielo, estuve allí y no me convenció. Me querían dar bono vitalicio y engañarme…pero me negué en redondo. San Pedro me preguntó el motivo…*"No hay alegría, todo lo que veo son mentiras; no existen promesas cumplidas; no me sirve vivir en un mundo de cristal sustento por hilos de esperanza, podrido de egoísmo y traiciones…"*

A veces me pierdo en abrazos de gente falsa, de amistades cínicas, de personas que no existen. O por lo menos no en mi vida, si existieran, serían conscientes de que yo también subsisto…

He aprendido a sonreír en los momentos más amargos, cuando solo y angustiado me dejo llevar entre gritos. Me ahogo entre los problemas de las personas a las que quiero… entre las alegrías ajenas. Nadie se ahoga en las mías…

Hay que ser fuerte - me dijeron una vez. El problema es que incluso para eso se necesita ayuda…

No gastaré más abrazos, más besos, más caricias, no volveré a realizar nada en vano.

Me lo pensaré cada vez que tenga que escuchar, actuar, hacer o deshacer. Para cualquier simple gesto; me acostumbraré a meditar larga y detenidamente si merece la pena. Siempre me ha gustado ayudar, tal vez, realmente no fuera altruismo porque siempre ha estado en mí el hacer bien por el motivo egoísta de sentirme bien conmigo mismo. Ni aún así me han permitido serlo…ahora seguiré con mi vida.

*"…la vida sigue como siguen las cosas que no tienen mucho
sentido…"*
(Canción de La Fuga)

Hay recuerdos y recuerdos. Alegres como el amor de muchos y a la vez de pocos, la amistad de las personas que realmente valen la pena.

Hay recuerdos alegres, que hacen dibujar una sonrisa en mi cara cada vez que los veo; como las copas a dos, como las cosas buenas cuando te apetece llorar y no paras de hacer el idiota.

Hay recuerdos dulces; como el café con leche condensada o baylis; recuerdos simpáticos, como niños cuando les ayudas a levantarse o personas mayores que te dan las gracias por cederles el paso o abrirles la puerta. Hay recuerdos de esperanza como cuando vi la rana por primera vez (aunque con trampas lo reconozco) recuerdos tristes como la muerte de Juan, de Joanna…y de alguno más, porque no hay dos sin tres; o al menos eso dicen, ya jugué varias veces "tres veces" a la lotería y nunca me tocó… (tal vez si y no me enteré, hay muchas formas de que te toque la lotería…)

Hay recuerdos amargos, como el no haberles dicho adiós, os quiero…o perdón, porque eres importante para mí…Pero la vida es eso que pasa mientras haces planes, es una pequeña gran obra dramática…teñida con mechas de alegrías que saboreamos poco. Tendrían que enseñar en la escuela a saborear mejor los buenos y alegres momentos. En la vida nadie nos prepara para el fracaso, *solo nos enseñan* a triunfar, a aceptar las victorias, a lo fácil; pero no todos triunfamos, no todos ganamos, no todos podemos.

Es duro enseñar los fracasos. Imaginen: sería como si un padre le muestra a su hijo que un día puede suspender, como si cuando le enseña a montar en bicicleta le dijeran…hijo puedes llegar a correr y ganar el Tour de Francia, pero también puedes no llegar a la meta, puede que pese a años de esfuerzos llegues a no ser nadie, que nadie valore tu esfuerzo…y tras años y tiempo darte cuenta que los has *perdido*. Entonces ¿qué pasa si nadie te apoya?....Ocurre que te sientes mal, abandonado, caído, solo…

Es difícil enseñar que la vida puede ser fracaso, pero fracasar en algo no significa en todo, los más sabios; si es que existen tales eruditos; dicen que cada cual es bueno en algo…habrá que empezar a enseñar a encontrar ese *algo*…

También existen los recuerdos malos. Cierta persona me dijo…que no existen, porque se borran, se olvidan cegados por los buenos. Cuando seamos mayores, nos acordaremos solo de los buenos momentos. Esa memoria selectiva que nos deja vivir los últimos años.

Antes o después, nos daremos cuenta de que diversas situaciones nos cambian, ¿para bien? ¿para mal? Esas que al cabo del tiempo al recorrer tu cabeza, hacen emerger una sonrisa, pues de ellos aprendiste, aprendes o aprenderás algo, y porque *todas las cosas por muy malas que sean tienen un lado positivo.*

Esos momentos, son caramelos ambiguos, como los cafés *ligths* de cafeterías caras, como los villanos de las películas. (En la vida existe un lado malo.) Gracias a ellos podemos valorar más los buenos recuerdos.

Hay momentos que guardaría en esa caja del olvido…aunque también es cierto que lo que no te mata te hace más fuerte.

Menos mal, que existen aún grandes personas. Personas por las que se lucha y se sale adelante, gracias a todas ellas aprendí que una vez que caes, dan la mano, te ponen en pié. Vuelves a luchar.

Me siento bien, porque ahora veo que me equivocaba. El mundo está para mostrarnos y demostrarnos que todo está por aprender.

Todos hemos pasado malos tragos en el amor. El siguiente texto, solo es un reflejo.

TE EXTRAÑO

Te extraño. Te empecé a extrañar desde el momento en que me dijiste, aunque sutilmente, que me dejabas por otro. Mientras, sigo amando al vacío que has dejado en mi obtuso corazón, que va menguando cada noche, como el reflejo de la luna consumida en el mar.

Necesito saber quién es ese hombre. ¿Te escribe poemas como yo? ¿Te abraza las noches en las que solo quieres obtener el silencio de éstas, pero no dejas que penetren en ti la oscuridad y el miedo?

¿Le besaste cuando aún me besabas a mí? Dime quién es. Necesito un rostro al que odiar. Que no sea el tuyo, pues no puedo odiar a quien amo ni olvidar a quien quiero. Pero a él... a quien no conozco; deseo odiarle por robarme lo único a lo que me aferraba: la belleza de tu sonrisa al cruzarse con la mía. Dime, ¿también desapareció? Entonces, ¿a quién amo?

Puedo odiar. En mi descarnado corazón no cabe más sentimiento, y si odiando puedo extinguir el amor que siento...

Estoy ebrio. Embriagado del perfume tuyo que aún queda sobre mi almohada. Estoy borracho y miro a los soles, que ya veo dos, tus ojos, ámbar caramelo. ¡Qué dolor! Tan quietos tus ojos me miran, tan altos me espían. ¿Qué dices? No tienes expresión. ¿Hice algo para que me odies? No fue suficiente el amor que te di, debe ser, aunque nadie te dará más amor.

Moriré esta noche, estaré muerto cuando leas esta carta. Necesito escapar de tus ojos o cerrar los míos mientras me miras. Cuando mi ángel de luto me haya llevado, puede que tenga la suerte de ir al infierno y despojarme del corazón, tirarlo a las llamas donde se consumirá y desvanecerá el amor. Mi alma, cambiará y revivirá los momentos de placeres que no significaron nada, tú no estarás en ninguno de ellos. O puede que vaya al cielo, y quede más cerca de tus ojos. Quizás incluso me vuelvas a amar, porque ¿quién más podría apreciar tu entera belleza desde tan cerca como yo?

No digo más.

PD: Te estoy queriendo, te quiero ahora. Sólo ahora.

QUIZÁS EL VIENTO CAMBIE MAÑANA

Son ya tantos momentos y lugares; tanto tiempo sin ti...Ya no
sé si habito mi vida o en mis recuerdos.

Tantas sonrisas y alegrías, era tan perfecto como para ser
eterno. Todo tiene fin y cómo no, esto con más motivo.

*Tal vez el viento cambie mañana
y en estas cuestiones el futuro
nos deje guardarlas, quedarnos con ellas
que no nos las arrebate
¿quién sabe?*

Día a día hago el intento de avanzar, pero voy muriendo en
pena, en lagos profundos donde quisiera enterrarla. Solo consigo
ahogarme de forma tan lenta...Puedo observar el cambio de mi
corazón del brillo más radiante a la penumbra aterradora...

*Pero tal vez el viento cambie mañana
y haga sonreír a mi alma otra vez.
Tal vez aprenda a nadar
y vea la orilla de nuevo...*

"Te quiero", me mostrabas en cada mirada, en cada suspiro. Y
me derretía como hielo en fuego, mientras mis lágrimas
apostaban a ver cuál recorría primero las mejillas de mi rostro.

¿Quién dijo que la felicidad no existe? Cuán equivocado
estaba el poseedor de dichas palabras. Yo la conocía y la conozco,
sigue siendo mi vecina de puerta. Pero lástima se ha comprado un
piso en las afueras.

Tal vez el viento cambie mañana.
Y la felicidad llame a mi puerta.
Trayéndote de nuevo a mi lado.
Para ya no marcharte.

Desde entonces no te olvido y es que no puedo por más que mi corazón conmigo se enfade. Cada noche me asomo a la ventana; el frío me golpea apagando las pocas luces de mi vida…

Pero aún no me resigno, no quiero vivir así.
Puede que el viento cambie mañana
e ilumine de nuevo mi camino
encendiendo mis estrellas.

La esperanza tiene un límite y se me acaba lentamente. Quiero hacerme a la idea de seguir adelante...solo...sin ti...Pero no me es posible, ayer la vida te veía nacer, te llamaba y te decía que fueras feliz por muchos años. Esta mañana te lleva de mi lado...¡¡¡que injusta es!!!

Quizás el viento cambie mañana
la vida se dará cuenta de su error
llorará amargamente
y te pedirá perdón.

¿¿¿Fue culpa mía quererte??? ¿Acaso era yo quién decidía no parar de pensar en ti? No, no es así. Tú me embrujaste y me trasladaste allá arriba a las nubes para hacerme soñar tanto tiempo; me engañaste, sabías que no sería eterno. Gracias de todas formas aunque fuera tan efímero.

Quiero morir y la vida no me deja
embaucándome con su veneno que me mantiene vivo.

Quizás sea cierto, fui un ignorante por pensar que sería para siempre, quizás mi ilusión fue egoísta por quererte para mí solo.
El amor es un sueño injusto...

ACORDES DE UNA VIDA

Me marché un domingo,
y para colmo no me despedí.
Nada sabes hace años.
Ahora lo sabes y
te hace aún mas daño.

Estas tardes de domingo
que antaño eran felices,
quiebran surcos en tu rostro,
abren cicatrices.

Nunca aprendí cómo apagar las velas. Y realmente no quiero. Ya sabes, siempre prefiero encenderlas. Aunque sean de cumpleaños y esa bendita memoria me arrastre de nuevo a la realidad: hoy domingo cumplo uno más, o uno menos, según sea tu mirada del tiempo.

Aún suena la música
embelesando mis sentidos.
No olvides los acordes
de una vida, que no vale
siete notas,
sin tus manos que las tocan...

Desde aquel día y aquella decisión no tuve ninguna duda. Mi vida no volvería a tener más de seis días. Desterré de mi lista semanal al número siete. Seis días, ni uno más. Y me muevo entre seises como cuerdas que mueven mi vida, mis canciones. No entraran en mi agenda más cafés con nicotina en esas tardes, los juegos de mesa y sus piezas intentando escapar de los tableros, las agujas que enhebran penas, las felicitaciones los días siete. Porque mi goma no acepta correcciones ni marcha atrás. Porque en mi agenda no existirán los domingos, en esos tiempos, me mantendré al margen de las horas, estaré de vacaciones...

Mi guitarra no suena igual.
Desentona en cada cuerda.
La rompiste sin mesura
por no medir tus fuerzas.
Y ahora que conozco
siete acordes de tu piel
te callas y averiguo
no soy más que otro nombre
en tu papel escrito ...

Mucho me querías, fanfarroneabas de ello. La canción ya lo entona y su letra lo susurra...*"que poco valen las palabras...UUuuuhhh"*. Esta vez no miraré fotos de felicidad pasada. Ya aprendí cuando mi alma fue tu esclava, mis ojos tu vestido, y mi amor la espada que terminó en mi pecho hundida.

Eres de una raza superviviente que nunca desaparece y como tal extingues amores, avivas pasiones y tachas más nombres. Seguirás con tus domingos de mareadas, de amores de sábado noche. Seguirás tu vida como si nada. Porque nada fue lo que hallé en tus labios. Vendes tu vacío disfrazado a los demás. Pobre ilusa, no te das cuenta. Llegará el tiempo que pruebes tu producto. Tú también serás estafada.

"Vaciaste lo que no estaba lleno, derramaste mi sangre de tu copa rebosante, juraste no ser portadora...de una daga que ocultas bajo la ropa."

Hace un segundo miré mi vida desde fuera como lo haría un extraño. Era día siete, domingo, y otro año más se tachaba bajo mi piel. Vi un reflejo perfilado, algo empañado en el espejo de aquel escaparate, el número siete de la calle que nos unió. El número siete que marcaste en mis nervios a son de *"si mayor"*... siete, los mismos años, días y meses que restaban para un adiós...

Mi ser fueron tus notas. Tus acordes, la felicidad que nos unía. Tres, los tres más básicos: "Mi, Re y La mayores". Y ahí estaba su grandeza, siendo los más simples, conseguían canciones sencillamente bellas. Genialmente compuestas. Nuestros cuerpos bailaban al ritmo del *"blues"* crepuscular a través de tu pupila, de la mía y de tus besos entre almohadas.

Hace dos segundos, dijiste mi nombre siete veces en tu última composición - la primera de las dramáticas en *"la mayor"*, la última de tus mentiras con siete notas - y mi suerte cambió.

Lloras amargamente. Las letras de tu vida dejan de sonar; se desvanecen. No volverás a tener siete notas con las que hacer más canciones embaucadoras, te faltará el acorde principal para mover tus dedos ágiles entre más corazones.

Ahora, por primera vez *llegas tarde.* Gritas en mi silencio. Tus palabras hacen ecos entre los edificios y las calles que nos vieron sonriendo...ves que no saldrá más veces el sol en tus domingos. No existirán para ti esas tardes de promesas aguadas en cafés, ni canciones de orgullo por corazones partidos esfumados con cada una de tus caladas. Tus piezas tiemblan al moverse sin rumbo, se caen esta vez, más de verde que maduro.

Es la única ocasión que me abrazas de verdad. Me dices que lo sientes, que me quieres con tu alma traicionera que ante mí, ahora, confiesa sus pecados. Pero no siento nada, no hay dolor, no hay rencor, ni resentimiento. Te siento a ti, queriéndome como nunca me quisiste en vida.

Esa vida que me diste siete veces cada día, ahora termina
atropellada, malgastada y moribunda...

Ahora que muero y marcho, no te odio, ni te olvido. Tuviste aquella nota, os fusionasteis y no la apreciaste.

Antes de cerrar los ojos, arrancaré la última hoja de tu libreta de instrucciones, la que llevas en el bolso. Donde anotaste como hacerme feliz con tres acordes. Te robaré tu nota más sencilla y la quemaré. Tus acordes quedarán vacíos. No me olvidarás. Tus domingos serán míos para siempre.

Una vida sin domingos
sin descansos ni almohadas.
Horas que no pasan
un tormento que te acecha.

PARA SIEMPRE

"Nada dura eternamente" me dices al oído,
suavizas mi eléctrico frenesí,
callas mis ansias de morir en tu lecho,
así evitas que ponga en juicio tu sentencia.

Más me vale volver a morir que seguir creyéndote. Toda la vida haciendo gala de tu creencia. Viví acariciando cada bucle de aire respirado, llené tu tez todos los días con mi pasión, con mis ojos repletos de vientos embravecidos removiendo tus cabellos, con mi corazón en el puño aplastado por ese titán previsor del mal augurio: *Nada dura para siempre.*

Uno nunca sabe lo que le espera.
Y luché por todo en lo creía.
Hasta el último aliento,
hasta el último día.

Aprendí a manejar las cuerdas que marcan mi camino. Compuse versos tristes con algún desliz alegre. Añadí énfasis a lo positivo. Aprendí a cantar dichas, amores y sonrisas en medio de aquella plaza, con aquella tormenta veraniega que invadía el abismo de mi ser. Y llorando como el niño que descubre la verdad, decidí hacer caso omiso de todo lo aprendido. Dejarme llevar por mis fantasías de rapaz. Cantar y entonar siempre esa canción que te hace bella, eterna en mi memoria.

Con el temor de un final.
Injusto, sembrado e impuesto por la vida.
Mi savia continuó como dijeron los sabios,
con muchas noches amargas,
y pocos días de dulce caramelo.
¡Ay! Esta melancolía...

Desde este infierno aún te recuerdo, aún te amo a pesar de haberlo negado seis veces. Me arrepiento de todas y cada una de las ocasiones que afirme *"quererte solo ahora"*, tan solo por si la luna decidía esconderse en ese momento y dejar de iluminarnos. Me convencí de un final, anduve conforme a él, y no quise aceptarlo. Lo evite a toda costa, no quería sufrir, ahora…sufro desde hace años…

> *Tal vez nada dure para siempre.*
> *Aunque ahora, lo dudo y veo todo eterno.*
> *En el fondo gracias a ese creer,*
> *exprimí intensamente todo:*
> *las noche contigo en mi pecho,*
> *la copa de vino recorriendo mis venas*
> *el baile de nuestros cuerpos en la arena,*
> *la melodía del mar, la caricia del viento,*
> *la sonrisa de mi alma con tu besos*
> *mi núcleo repleto de amor.*

Giro el universo para escondernos de nuestros temores, nos arropó, nos mimó más que una madre a su pequeño. A cambio tú le regalaste otro nombre. Mi alma me relató un cuento acerca del amor, de princesas y de estrellas donde al final todo sale bien. Para consolarme. Incapaz de engañarme decidí embaucar a mi mano, a mi pluma, y al folio para escribir de nuevo versos de la vida. Para hacerme amigo del olvido, enemigo de mi corazón y repudiarle sus estúpidas creencias sobre la eternidad:

> *"¿No te das cuenta que nada dura para siempre?*
> *¿Por qué no me dejas amar de nuevo?"*

Pero de tan pillo quise pecar, que el diablo al final por su vejez tuvo que enseñarme que no puedo amar a otra, mientras siga amándote y lo niegue.

Porque si no te equivocas de vez en cuando, es porque no te arriesgas y por lo tanto nunca ganas. ¿Estás dispuesto a pagar el precio de no conseguir una victoria?

Seis intentos erré
y aún no entendí su piel
aún se ríe de mi cada vez
que persigo cual ignorante,
su sencilla eternidad.
Temiendo inocente
que todo tiene final.

Y aprendí los secretos de la vida superando sus obstáculos. Conocí mi propia fuerza tras reflejos y silencios, entre desvaríos, sinrazones y un folio manchado de mi sangre donde mis entrañas plasmaron su firma más intensa y desesperada: *"Te extraño"*

"Andábamos sin buscarnos pero sabiendo
que andábamos para encontrarnos"
(J.Cortazar.)

Llegó la hora de nuestro encuentro. No apareciste. Sin saber exactamente qué sentir; la melancolía se apoderó de mí rondando por mi cabeza esa idea de que dicho encuentro tan solo era un espejismo más de mi frustrada teoría del amor. Metí la mano en el bolsillo y saqué aquel papel arrugado con siete acordes escritos que siempre llevabas para sonreír cuando no estuviera a tu lado.

Era día siete, mes siete, del dos mil siete. Estaba en el número siete de la calle que nos unió e irónicamente ¿quién me iba a decir que también iba a ser el lugar de un adiós? Rasgué una a una cada nota. *No puede ser, no puede ser* me decía mientras tus palabras venían a mi cabeza de nuevo.

Crucé esa línea que separa el amor del odio. Esa soledad torcida y repleta de siniestros, de dudas. Ese espacio deshabitado con pijama a rayas, una blanca, una negra, otra blanca... Y las deshojé como pétalos de una flor con la incertidumbre del "*¿qué dirá la última?*"... un ruido, un grito ahogado...Entonces, cerré los ojos.

Ya solo recuerdo que te sentí abrazándome, y que soñé que decías quererme. Cuando pude abrirlos de nuevo, solo vi la matrícula del coche, y aunque no pude moverme me revolví por dentro al creer que me gastaban una broma de mal gusto: "2007 SVF"

Mi presencia infinita
mi ausencia eterna,
mis lágrimas escritas,
en la pared de los sueños.
Donde todo es eterno
y nada pierde esencia.

Vivo en la trastienda de mi existencia, porqué mi tozudez gano a las creencias sin sentido. Nadie me otorgó siete vidas, así que decidí robar una, y mantenerme a la espera.

Esperé una paz no encontrada.
Esperé que el dolor marchara, aún permanece.
Un amor frustrado me persigue.
Una calma al desasosiego de mi cuerpo
que no he hallado,
aún no lo aprendo.
Que el amor si es eterno.

Aquí y ahora, por fin lo entiendo. Pagué con mi vida la lección, para el crédito me avaló la muerte. Ahora me doy cuenta, de que el amor es para siempre. Siempre estaré ahí abrazándote el corazón, dándote toda mi pasión para poder seguir viviendo, todas mis fuerzas para saltar cada grieta del camino. Y el día que ya no puedas, que tu cuerpo fatigado diga adiós. Entonces, tan solo me quedará darte la mano, abrazarte de nuevo, y abrir esa caja donde guardé mi corazón durante generaciones. Todo, para decirte que por una vez, me alegro que te hayas equivocado: existen cosas que son eternas, para siempre, una es el amor.

"El amor hace que la realidad sea mejor que los sueños"

PARTE 2

VERDADES

"¿Tu verdad?
No, la Verdad,
y ven conmigo a buscarla.
La tuya, guárdatela."

(Antonio Machado.)

VERDAD NÚMERO UNO.
LA VIDA ES ESO: NACEMOS, VIVIMOS, ENVEJECEMOS Y FALLECEMOS

Esta premisa puede que sea cierta. Pero se me encoge el corazón de tan solo pensarla. Pues no es tan simple la vida. Ni siquiera me atrevería a hacer un resumen de la vida tan burdo si me pidieran que la resumiera.

Porque nacemos, reímos, cantamos, lloramos, sentimos, vemos, cerramos los ojos, los abrimos, los volvemos a cerrar. Sonreímos, gritamos, cantamos, llueve, oscurece, seguimos cantando, clarea, alumbramos al sol, a la luna, a unos labios, a dos, a tres, a cuatro, incluso a todas las bocas del mundo. Saboreamos cada palabra, cada beso, en cada esquina, en cada cama, con cada caricia, con cada lágrima, con cada mirada. Crecemos, y nos escapamos de la calle hacia el cielo. Y bailamos el blues, con 3 pasos, 7 notas, un libro abierto, y un capricho de nuestra mano girando a nuestro alrededor. Y miramos a través del cristal resquebrajado. Lloramos de nuevo, nos caemos, nos fumamos la vida en un bar, nos acostamos con la tristeza. Y así es, porque el amor nos vuelve a engañar una y otra vez y caemos en sus lazos traicioneros de una nueva oportunidad. Nos sentamos, bebemos, ron-limón por supuesto y siempre que no haya Jack Daniels. Nos fumamos un cigarro, incluso dos, tal vez un canuto y redactamos las líneas de nuestra existencia. Las borramos, lo intentamos, ya no se puede, nos arrepentimos, luego no, lo remarcamos, volvemos a actuar de la misma forma, vuelven los remordimientos, cogemos la goma, y la tinta se corre, arrancamos el papel, lo rompemos en varios trozos, cada uno a papeleras diferentes de la ciudad irá. Tomamos el último sorbo. Nos levantamos, vemos un escaparate: "Yo solo quiero...". Pensamos, yo solo quiero ser feliz, hacerte el amor, viajar por el universo, levantarme tarde, acostarme aún mas tarde que ayer mientras fantaseo sobre como cazar una estrella. Volverte a tener en la cama, acariciarte, perderme entre tus cabellos, sentir tu aroma a fresa, hacerme una tostada con mantequilla y mermelada de frambuesa o naranja amarga. Tropezarme, que se me caiga, y por supuesto sentirme feliz con mi cara de bobo y resignación ante la perdida tostada.

"Una vida menos, pues creare otra"
"Yo solo quiero... ¡qué carajo! No quiero nada, quiero estar así de feliz mientras vivo, envejezco y cuando muera."

Vuelve la seguridad, se marchan los remordimientos. Aprendemos de nuestros errores, y deseamos reconstruir nuestro papel, ya no podemos, tenemos otro en blanco para redactar de nuevo las líneas de nuestra vida, pero ya serán las de mañana, nunca las de ayer.

VERDAD NÚMERO DOS.
LA POLÍTICA ES UNA BASURA

No, la política es preciosa, pero la empobrecen quienes la ejercen mal y cubren con su estela grisácea a quienes intentan practicarla de forma correcta. Y al final, la resignación, el desinterés y la generalización llevan a una sociedad totalmente apolítica que solo sirve a los poderosos.

Pero la única realidad es que la política es totalmente necesaria. Algunos políticos son muy malos, basura. Pero nadie debería pasar de los asuntos públicos ni de la organización del bien común. Todos deberíamos apoyar a los mejores. Y no a quienes por *tradición familiar* apoyamos, o a quienes por intereses personales nos conviene.

Al final el ser humano es un animal político, lo malo es que hay mucho político que es un animal. A veces me da vergüenza confundir a estos dignos seres vivos con las personas.

"Gracias a la libertad de expresión hoy ya es posible decir que un gobernante es un inútil sin que nos pase nada. Al gobernante tampoco."
(Jaume Perich)

VERDAD NÚMERO TRES.
HAY COSAS EN LA VIDA QUE NO PODEMOS NI QUEREMOS CAMBIAR

El miedo es libre, y tenerlo también. Todos tememos a algo, pero la verdad es que tan solo retrasa las cosas, nunca las evita. Realidad: Las cosas hay que afrontarlas, no huir de ellas. Ya que: *viajero que huye, tarde o temprano detiene su andar*. Pero todos tenemos miedos, nos influyen, nos atemorizan y hace que muchas veces no realicemos cosas que queremos hacer o que debemos hacer. ¿Por qué? Simplemente por miedo.

"Rendirse, es lo que mata a las personas"
Por supuesto, el miedo es libre. Pero me asombra por ello,
cuanta libertad nos quita.

El miedo al lado del pánico es como un pez inocente al lado de una ballena. Cuando uno experimenta el pánico, se da cuenta de lo excesivamente racional que es el miedo.

VERDAD NÚMERO CUATRO.
NADA DURA PARA SIEMPRE.
TODO TIENE FINAL

Si efectivamente. Si miramos la vida. Todo tiene un inicio y un final. Nada es para siempre.

Esta visión de comienzo y fin, creada y fomentada por las personas, tal vez tenga su base en la exquisita belleza de lo sutil y lo efímero. Los momentos geniales de nuestra vida, por norma general son instantes, milésimas de segundo. Entre muchos motivos, su genialidad es por su escasa duración, por tener esa pizca de fugacidad pasajera. Esto nos permite recordarlos, vivirlos, rememorarlos tan intensamente cuando deseemos, que realmente para nosotros son eternos. **Hacemos eterno aquello que deseamos**. Y por ello, le ponemos final a todo. Somos nosotros quienes elegimos a qué conceder la eterna belleza, la capacidad de hacernos sonreír mientras lloramos, la posibilidad de ser felices entre tanto caos y de forma eterna siempre que queramos darle vida con un breve pensamiento. La elección está en nuestras manos puras. Tan solo necesitamos imaginar, reflejar su luz en nuestra vida. Y desde nuestra posición de soñar. Volver a vivir una vez más todo lo que queramos.

> *"Los momentos de nuestra vida,*
> *los que definen como somos,*
> *jamás fueron planeados"*
> *(Mamen Somar)*

Un gran amigo, me enseñó que para demostrar algo, tengo que probar que no es todo lo demás. Es decir, para presentar que algo es negro, tengo que justificar que no es rojo, ni amarillo, ni verde...etc. Hoy expresaré esta verdad a base de eternidad.

"TODO ES ETERNO"

"Nadie ni nada muere…
si alguien lo recuerda y rememora"

La instantánea de tu cara al verme. La mirada de dicha al besarme. Tu primer paso por el puente de mi sangre. El baile de mi sueño escrito en la pared, donde escribías con pintalabios un *te quiero*. Se esfumó el milagro puro y dejó paso a los deseos carnales.

La Mano te susurra a través de la piel. El gesto de la estatua inmortal en medio de aquella plaza. Y su sonrisa socarrona, cuando nos escondíamos detrás de ella para contar historias del universo, de miradas infinitas y de cómo me tiemblan las piernas con esa aura de grandeza. De eternidad.

La huella de tu dedo sobre mi espalda me abraza cada noche cuando lloro. Entonces sonrío y te siento cerca como en capítulos anteriores. Soy testarudo a pesar de los años. Prefiero las repeticiones, los recuerdos. Y me niego a creer en los finales. Pues la mayoría no son felices como en los cuentos de princesas, perdices y rufianes…ah! Y de príncipes claro!

"En la vida, nada muere si no queremos. Y menos el amor."

Solo el odio y el rechazo pueden sepultar aquellos recuerdos que no deseas tener, y que, sin embargo, los guardas aún en tu regazo clasificados como *fundamentales*. Tienes la necesidad de borrarlos por no poderlos revivir de nuevo y por la punzada directa al corazón que te clava la nostalgia.

Y no te das cuenta que todo tiene vida eterna si así lo sientes, si así te convences y ves que con cada final nace algo nuevo y por tanto eterno. Que con cada abrazo, con cada amistad nace un sentir que te obliga a no querer morir nunca, que quieras ayudar a otro a sentir lo que a ti te han hecho sentir…todo. Se trata de un círculo vicioso de amor, hermosura, belleza, de vicios de sentir, de vivir. En el fondo ¡siempre fui un vicioso!

Antes no creía en nada. Aprendí a creer viendo. Me hice escéptico. Y aprendí a mirar con los ojos cerrados. Es como se mira bien el aura. Desde entonces soy escéptico del escepticismo. Cada noche realizo un último baile. Tomo un trago de la copa de vino dulce de aquella noche, me cuelgo de una estrella y la ilumino. Por fin me doy cuenta: cada segundo que desee será eterno, no lo guardare, lo viviré eternamente.

Para siempre
ese sentir exultante
me hace sentir feliz,
me congratula con
cada sonrisa.
Me ayuda a vivir.

"Nada"
dejará de existir,
todo será inmortal,
la muerte dejará
paso a mi frenesí.
Mis penas dejarán de fluir
mi sangre teñirá de escarlata
lo gris
no habrá principio ni final.

Mi regalo será un folio blanco y vacío, un lápiz y una goma. La historia la empiezas tú, el final es para mí. Por cada línea una vida te daré, y al llegar al margen del papel, ya me encargo yo que no tenga final.

Te protegeré del tiempo y de su final tantas veces como quieras.

Tan solo has de poner voluntad, sonreír a la tormenta.
Tener paciencia.
Y mi mano, siempre estará abierta
a traerte de nuevo,
a recordarte que si quieres,
viviremos nuestros deseos intensamente,
perennes, incansables.
Los lamentos desterrados,
las penas en un saco,
y nuestro sentir puro y limpio.
Manos impolutas.
Felicidad absoluta.
Todo lo que queremos,
vivirá en el tiempo.

VERDAD NÚMERO CINCO.
ES CIERTO. LOS SUEÑOS SE CUMPLEN

Bailo entre las cenizas de fotos.

Y sí, es cierto que la melancolía aún duele en mis venas.

Es cierto que hay lluvia que calcina más que las llamas.

Es cierto que ya tengo gallos y sus patas pisándome los ojos después de haberlo intentado malas personas. O bueno, ya no sé si son patas de gallos o de gallinas.

Es cierto que la hipocresía es el común de vida de muchos, de los que dicen ser amigos y te traicionan, de los que por marcas de sangre son familia y te llevan por la amargura obligada. Es cierto que hacen cosas *presionados por los demás* y en contra de sus principios, y por lo tanto con estas bases, es cierto que esos no tienen personalidad alguna.

Es cierto que me engañaron desde hace años. Cuando miraban al cielo exigiendo piedad, que no les castigaran con la lluvia mientras yo les amaba y ellos fingían. Es cierto que llovió. Es cierto que algunos tan solo valen una copa, un rato, una noche.

Es cierto que la elegancia es una forma de vida, una señal, y no la máscara que se ponen por las mañanas y abandonan por las noches. Es cierto que nuestra seña de identidad son nuestras acciones y no las palabras viperinas que salen de rostros de porcelana.

Es cierto que en la vida hay miles de personas malas, despiadadas y cobardes. Es cierto que por cada una de ellas, hay dos personas buenas que hacen que la vida merezca la pena. Y siguiendo la senda de las premisas; es cierto que gracias a esto he descubierto lo mucho que he ganado mientras brillaba junto a sombras.

Es cierto que son muchos y muchas los que me abrazan. Y por lo tanto, es cierto que yo sí que tengo familia.

***El 7 de febrero del 2009 tuve un sueño. Nada más levantarme y desayunar lo plasmé con lápiz en un papel. Exactamente al año siguiente, pude ratificarlo. Es cierto que los sueños se cumplen, aunque sean malos.

VERDAD NÚMERO SEIS.
EL AVE FÉNIX

Una vez hace mucho tiempo escuché una historia de fuego. O quizás hace muy poco, pero como decía Einstein, el tiempo es relativo; y como digo yo, las sonrisas son eternas. Así pues prefiero sonreír mientras el recuerdo lejano, muy lejano, hace florecer arrugas en mi rostro para así conseguir que perdure en el universo.

Dicen que el pino canario es el ave fénix de los seres vivos. Pues es el único capaz de regenerarse a sí mismo a partir de sus restos, de sus propias cenizas. Desde hace siglos nuestro querido pino canario da de comer a muchos, cobijo a unos cuantos, protección a los más cercanos y amor a sus hijos. Resignado y valiente es consciente de que un día serán aquellos a los que ayudó quienes lo quemaran, lo destruirán y le pondrán obstáculos a su paso por las sendas de principios buenos, nobles y honrados. Sabe bien cuál es su destino: la hoguera y sus llamas. Sabe bien quiénes serán sus verdugos: aquellos que en su día decían quererle. Le clavaran la fina y brutal daga de la traición, el egoísmo, la inmadurez y la justicia por cuenta propia. Para justificar sus fines se aprovecharán de cualquier método. La maldad siempre intenta autojustificarse. (y nunca acaba, ¿Por qué será?)

Mientras arde nuestro querido pino, emite un humo blanco, de algodón, suave como la caricia de un alma pura. Humo blanco que vas en busca de ayuda de otros pinos amigos, de otros seres queridos que fueron ayudados, vuela alto y cubre todo el cielo, la mar y la tierra maldita por este odio incomprensible. *Ven a mi ayuda.* Grita nuestro querido pino.

"El mal triunfa cuando los hombres buenos no hacen nada"
(Edmund Burke)

Y los buenos acudieron.
Y los malos temblaron.
Sol que luce por las mañanas
apágate, no hagas brillar a la malicia.
No dejes ojal de hipocresía iluminado,
por donde pase el orgullo cese tu luz.
Huye donde concurra la cobardía.

Y el fuego avanzó. Nuestro pino canario quiso conquistar el mar, la tierra, el aire y la luz, mientras el fuego le envolvía. Se quemó y se hizo polvo estelar para regresar a sus orígenes: la cola de los cometas y de las estrellas. Saldó su deuda cósmica con el universo.

Pero las personas buenas saldaron las deudas morales y éticas de las que carecen las malas. Y al final el agua le dio de beber, la tierra sembró sus semillas caídas y esparcidas por el aire, y la luz le hizo crecer y brillar como nunca antes se supo, para que jamás nadie olvide, que el pino canario resurgió de sus cenizas como gran ave fénix para relucir entre las personas, las malas y las buenas, para deslumbrar junto al sol, y de noche junto a las estrellas.

"Las personas buenas siempre seguimos adelante, mientras las malas mueren en el intento de hacer callar a las buenas."

VERDAD NÚMERO SIETE.
HÉROES & VILLANOS

...Y llueve
avecinando tempestad...

Cala hondo en la tierra
el peso del remordimiento
al abogar por malicias
a pesar de ser los súbditos y no el rey
los culpables de atrocidades.

La mollera de su majestad tambalea sobre el cetro,
finos hilos de sangre por destino conoce.
Aun así mantiene en su soberbia, engreída y altiva,
su posición endiosada, mal aconsejada
y tozuda.

Auto-engaño de victoria
con la corona por trofeo
conduce a las malas lenguas
a fines desmesurados, engañosos,
y a la toma de medios atroces y sanguinarios.

El fin nunca justifica los medios,
ni plebeyos consejeros consiguen el cetro.
Salvo en historias de villanos, ladrones y proscritos.
Y en estas, nada más aferrar el ansiado galardón
todos terminan en el patíbulo.

Conmoción en el auditorio ante las nubes
la lluvia empapa la chola del soberano.
El cabecilla de todo, de cara a la galería
perdió la poca honra que en su haber ostentaba
por no rodearse de súbditos nobles,
al no mirar por los ojos de la moral
y ser más ambicioso que el diablo.

Consuelo le quedaría en esta vida
cuando las sonrisas llenas de maldad
de sus *desconsolados* y huérfanos consejeros
ven como tiembla la daga de la justicia
sobre sus maquiavélicas cabezas.

Y como la vida real,
este cuento de héroes y villanos
llega siempre a su final
con una sonrisa como meta
la razón de la mano
y al inocente indefenso
con perdiz en su buche
y la felicidad en su regazo.

"Cuando los elefantes luchan, la hierba es la que sufre"
(Proverbio africano)

VERDAD NÚMERO OCHO.
ES NECESARIO TRIUNFAR EN LA VIDA

Todos queremos triunfar. Todos deseamos llegar a lo más alto. A tener más dinero, el mejor coche, la mujer más bella, el marido más guapo. Es el síndrome de "el más, el mejor".

Pero no todos triunfan, ¿por qué? Sencillo, porque no todas las personas son capaces de ver que los verdaderos triunfos en la vida los tenemos en las manos, rodeándonos. Solo nos fijamos en lo superficial, lo materialista.

"El autentico triunfo en esta vida, no está en ganar siempre, sino en nunca perder el ánimo"

Soy feliz con una caricia del ser que me ame, con un abrazo cuando lloro y nadie lo sabe. Cuando me siento a tomarme un café cortado con leche fría, y descubro que soy el único que sonríe de todos los que están en la barra. Cuando me miro al espejo y tengo un *michelín*, una espinilla o una boca horrible. Cuando cada mañana descubro que no sé peinarme, que mis pantalones están rotos o que tengo que dormir más porque la crema anti-ojeras no hace milagros. Y sin embargo, a pesar de todo esto, sonrío y anoto en el *"post-it de la vida"* otra tarea más que supuestamente haré mañana:

Apuntarme al gimnasio.
Dormir 10 horas al día.
Comprarme unos pantalones nuevos.
Cambiar de crema anti-ojeras.

Y por el contrario no anoto las tareas fundamentales. Sería dictarles pena capital. Por tanto las memorizo en mi cabeza y las realizo sin más reparo: Sonrío entre tormentas como rayo de luz para contagiarle mi sonrisa a los que estén al lado.

Le doy una carta a un niño al cual le hecho magia, y sí, me quedo con la baraja incompleta, pero el corazón repleto de esa sabiduría que da el amor. Ah! Y con la mágica expresión del niño hacia su madre…*"mamá, tengo una carta mágica, y ya no me duele la pierna"*

En vez de beberme el café, lo degusto, lo mezclo con algo de sal y pimienta para ver que en realidad, el café de ese bar no está tan malo como antes pensaba.

Cuando me pregunten por una calle otra vez, no diré más que: "deja que te guié tu alma, es sabia y precisa, tan solo tienes que hacerle el amor todos los días" y probablemente se pierdan, pero harán el amor todos los días desde entonces.

Abrazaré a todos mis vecinos mayores, les contaré alguno de mis chistes malos malísimos (aun a riesgo de escuchar: "vaya solemne soplapollez dices") y les haré ver a su edad, que incluso con cosas malas y estúpidas se consigue algo en la vida.

Cuando vaya a un funeral, no llorare jamás, al menos no me verán hacerlo. Me limitare a contar las cosas con las que mi ser querido se reía, me llamaba *cabra tarada* y su vida discurría por un monte, una rosa, una pluma y un papel al imaginar una historia mejor que la que vivía.

Cuando de mi corazón surja un puzzle y extravíe la pieza clave, no dejaré de beber mojitos, ni mostraré rencor alguno. Entonces el mundo estará preparado para mi amor, y no solo una persona. Con el tiempo, otra persona será capaz de soportar tantas tonterías y hermosura, el mundo hará vista gorda, podré secuestrar de nuevo otro amor y esconderlo en mi costado.

Cuando me despidan, le daré al jefe la mano, una pluma, una rosa y un periódico. La mano en agradecimiento de haberme ayudado a ver que tantas horas de trabajo me estaban matando, y que tengo manos para algo más que para trabajar. La pluma que tantos años me ayudó a escribir en la mesa *"volveré a entrar en mi vida"* para que él lo consiga en algún momento. Un rosa amarilla. Para que la ponga junto a su epitafio que dice *Jefe de sección*. Y el periódico para que no se olvide ninguna mañana, que existe vida y formas de triunfar más sencillas, más felices.

Sí, es cierto, es necesario triunfar, y todo el que quiere lo consigue.

PARTE 3

CONCURSO "ESENCIAS"

Se trata de un concurso que realicé a través de mi blog (http://aquinuncallegarastarde.blogspot.com/). El concurso constaba de 3 partes: Un relato, un soneto y un acróstico.

El premio a los ganadores consistía en publicar sus textos en este libro, así como un ejemplar del mismo a cada cual.

Dicho esto, me honra el plasmar aquí los textos de los ganadores.

ETERNIDAD

Estremecerse al escuchar su nombre.
Tímidamente por el amor guardado.
Esa tarde descubrió que lo quería.
Resistiéndose a sentir lo que sentía.
Nunca supo que podría haber pasado.
Incógnita que desvelar no quiso.
Decidió partir sin confesarlo.
Alejarse, para no morir ante la duda.
Durando en ese amor, la vida entera.

Susana Silvia Cernello (desde Argentina)
Blog personal: http://susana-elimaginario.blogspot.com/
Correo electrónico: scernello@gmail.com
Gracias Susana.

UN SEGUNDO BAJO EL AGUA

La lluvia golpetea el cristal, tumbada en la bañera miro a través y sólo veo un cielo gris implacable que hunde un poquito más mi ánimo.

No está siendo un buen día, ni un buen mes, ni un buen año, no está siendo una buena vida. Y odio a los que me tachan de pesimista y depresiva. Ellos no pueden entender cómo se siente tras mi piel y no tienen derecho a juzgarme.

Realmente no llevo una vida triste ni dramática, sino simplemente vacía. La misma rutina cada día, el mismo hastío cada noche.

Es cierto que en ocasiones hay destellos de… no sé si llamarlo felicidad, quizás sería mejor llamarlo plenitud, momentos en que no necesito nada más. Leer un buen libro, una tarde de sol tirada en el césped, un desconocido que te sonríe por la calle, helado de chocolate, cuchara grande, peli y sofá…

Vale, está bien, es cierto, la vida tiene sus cosas buenas, de esas que se merecen vivir una y otra vez, pero a veces un mal día es demasiado malo y se te olvida todo lo bueno.

Y hoy ha sido un día malo… de verdad. Y me he cansado de vivir el tiempo suficiente para ir al cuarto de baño, buscar entre las cosas de mi padre y meterme en la bañera llena de agua.

No esperaba que fuera así de tranquilo. Y no deja de resultar irónico que ahora que volvía a recordar esas cosillas que siempre me llenaron ya no haya marcha atrás.

La lluvia sigue golpeando el cristal y delicadas líneas rojas se escurren por el borde de la bañera.

Virginia Guechoum
Gracias Virginia.

ACOSO VERBAL

No hay puño como arma que impactando
deje marca, cicatriz, son palabras.
Tan terribles, obscenas, y macabras
a quien van dirigidas, van matando.

Descalifica, hiere sin contacto.
La cobarde postura que con ira,
hace de la virtud una mentira.
Legitima como siniestro pacto.

Perturbar con palabras es violencia
un disparo certero que directo
a la víctima, sin piedad somete.

Daña con intención y consecuencia.
Un cruel contrato con disfraz de afecto.
Oídos sordos a quien lo comete.

Susana Silvia Cernello (desde Argentina)
Blog personal: http://susana-elimaginario.blogspot.com/
Correo electrónico: scernello@gmail.com
Gracias Susana.

PARTE 4

OTRAS PENAS Y RELIQUIAS

IMPERFECTOS

Soñamos con lo que está fuera de nuestro alcance
deseamos lo que no poseemos
anhelamos lo que tuvimos
nos auto culpamos de los caminos errados
en los cruces que tuvimos y a ningún lado llegamos.

Y al final, como buenos seres imperfectos,
tendremos las manos repletas de lo que sea.
Pero siempre encontraremos pegas
cuestionaremos aquello que tengamos u hagamos.

TERNURA MANCHADA

Inocencia entre un muñeco y una piruleta
de manos puras, pequeñas y eternas.
Una sonrisa contagiosa y pegadiza.
Un abrazo que me enseñó el valor de la vida.

Un dedo apuntando al infinito.
Tocando cada milímetro de mi piel.
Su bondad herida por el destino
delito cruel de imposible reembolso.

Ya no llora ni grita lo injusto que es.
Creció sin darse cuenta en un momento,
ahora conoce las mentiras de la vida.
Comprendió su desenlace en una mirada.

Un vestido azul claro ya vacío.
Un títere afligido por su abandono.
Unas manos marchitas separadas de las mías.
Siete años perdidos por inclemencias del mar.

Y el río siempre llega al mar devolviendo lo otorgado,
proyectos hermosos aún inmaduros,
que hoy, no tenían fecha de reincorporarse.
Y sigo perdido sin acostumbrarme
a estos accidentes del camino.

*Este texto está dedicado a Laura, una niña de siete años, que aquejada de Leucemia, me enseñó que, con tan corta edad, se puede saber mucho de la vida. Gracias Laura.

PARA TODAS

Para todas aquellas mujeres que me han amado. Para todas las que me han querido, me quieren o me querrán. Para todas ellas si no supe ver en su momento todo lo que me han amado con locura, con la inmensidad del corazón, con un abrazo eterno, con una pizca de sal dulce que curaba mis heridas. Con un gesto genial que me abrazaba durante mis penas. Con una sonrisa ante mis payasadas, con un *que chiste más malo Juli* o con beso en la mejilla, en la mano, en los labios. Con una abrazo fuerte que oprimió mi alma. Con un mensaje de texto de ánimo, de felicitaciones, de alegrías. En definitiva; para todas las mujeres de mi vida: amigas, amantes, novias, familia, que forman, formaron, o formarán parten de mi vida. En reconocimiento a todas vosotras. Tal vez algún día pueda invitaros a todas a beber el agua del río eterno de la felicidad, a enseñaros el secreto a voces de un beso al alma, y sobre todo a aprender a plasmarlo, ya sabéis, no basta ser sabio, sino saber aplicar tu sabiduría, y sobre todo aplicarla para hacer feliz a muchos, a muchas. Especialmente para ti mamá. Aunque nunca te lo dije por mi cabezonería: Te quiero.

Mujeres:

Te amo entre mis lágrimas más dramáticas.
Te añoro entre mis brazos carentes de amor.
Te deseo con ferviente pasión.
Te amo por el brillo que soy a tu lado.

Con mi sutil franqueza directa a tu pecho.
Penetro tu alma con cada una de mis palabras.
Sostengo tu cuerpo bello e impoluto.
Entre miradas cerradas, labios sellados.

Y te amo, te amo ahora que sé que te amé
cuando ya te he lastimado, cuando abandono
no teniendo más castigo que perseguir sueños rotos.

La eternidad de este sentir en mi pecho angustia
la satisfacción de haberte amado con locura
el placer de tu boca, una delicia.
Este amor herido que ya no cura.

Gracias a todas.

RIESGOS

Soy un caso digno de estudio: me pongo rojo cuando hablo y negro cuando amo. La poesía es riesgo, moriré violado por un poema o atropellado por un verso.

Ahora necesito un banco que me financie una mirada. Dos veces que la vi me resultaba muy cara. Y regreso a mi estado azabache, negro porque descubro que amo, y encabronado porque nadie me financia algo en lo que creo. Me limito a escribir algún verso atropellado y a violar algún amor efímero con un poema desollado. Tal vez sea mejor hablar colorado, pagar el crédito arriesgado y amar aunque sea muy posible que otro susto amoroso, esta vez me deje los ojos cerrados.

INSTANTE

Si la vida me otorgase
un instante breve,
y robara mi voz,
tu mirada, nuestras vidas.
Sin vino tibio y vacío,
mi copa no sería nada,
carente de sentido.

Si solo fuera una voz,
sin tus ojos, sin tu alma,
sin tus labios…
condena maldita esta,
por instantes a mi boca
la que en tiempos venideros
repita y desee,
larga vida a mi cuerpo
que muere lentamente por dentro,
todo sin envejecer…

Nada de estancias largas,
ni pasiones eternas:
pues languidecen y sufren,
solo caprichos de instantes breves.

Únicamente un instante.
con tus manos cercas,
tu mirada penetrante,
tus labios de rosa,
y mi voz que entona
No hay mejor instante,
que el pasado cada día,
junto a tu persona.

TRISTEZA

Estoy triste. Aunque en realidad ya no sé si lo estoy, lo soy, o la vida, las personas y las circunstancias me hacen triste. Hay quien dice que *la vida es un 10% lo que te pasa y un 90% como te lo tomas*. Aunque prefiero no compartir esta visión, porque entonces sería afirmar que las personas estamos tristes o contentas porque queremos en un 90% de las situaciones. Y no lo creo, ¿Quién desea realmente estar triste?

Tengo un día malo. Pero con diferencias y no extrañezas, aunque sea raro y diferente; y sin aparentarlo. Paso demasiadas horas al día pensando, dando vueltas de todo estilo, formas, colores y maneras, y sigo sin verlo claro, sin verlo nítido en la pantalla de mi tele, sin ver una sonrisa que me diga *adelante…*

Esta mañana, o esta madrugada, hacía frío. Invadido por el calor de mi cuerpo aún templado por la cama, me dirigía a esa extraña desconocida que es mi vida, de la que no sé nada, de la que todo desconocemos y a la par creemos todo saberlo.

"Hay días que parece que nunca se va a apagar el sol" y otros en los que nunca sale, amigo Fito. Hay luces por todas partes y yo lo veo todo tan oscuro. Será que las lagrimas no me dejan contemplar el resplandor de los demás, de las oportunidades escondidas que antes encontraba, en cada mirada, en todas partes, allá por donde caminaba.

A veces me planteo si juego bien mis cartas, si debería aprender a jugar al mus con las emociones, ocultarlas entre miradas de faroles, o marcarme descarada y fríamente un órdago que aterroriza y ante el que todos reculan para "No arriesgarse; pues la partida está ganada"

Igual es mejor el Black Jack, ya que el amigo Jack sabe desnudarte por partes, despacio o deprisa según mi torpeza, con sutileza y el *puntito suficiente de sal* para darle esa chispa que se necesita, además, es más fácil: si pierdes fuera prenda, pero igual de difícil. Hay que saber cómo quitarla…

La melancolía se apoderó de mi casa. Y aún no sé como largarla, vino para unos días; y ahora quiere contrato para una larga temporada. Tendré que llamar a la policía, esa que nunca hace nada. Para ver si existen las excepciones que confirman reglas, y de una vez por todas me traen una sonrisa.

Dicen que la vida es como una línea recta (¿recta? La mía solo hace caídas libres) en esta línea, la alegría y tristeza, y todos los sentimientos enfrentados viajan de la mano, y de vez en cuando uno tira más y te desplaza a su país, a su territorio. Mi problema es que me perdí en uno y no soy capaz de salir, ni con la maldita brújula que ya no marca el norte, tal vez algún día lo marcó…

Pero hoy es un día malo, y me dan igual las normas, hoy no estoy para nadie y nadie entrara por mi puerta, porque nadie se preocupa si aun puede abrirse, si aun se abre sin que rechinen las bisagras que mantienen mi vida.

Total, hoy es solo un día, esperemos a mañana, y que la alegría tiré de mí hacia su casa.

REGALO DE DESPEDIDA

Porque será que la luna,
ya no me cuenta sus secretos.
Porque será que mi en mi boca
ya no entran más que recuerdos.

Sigo sin creer con mi cara de póker
y tú, con sonrisa picarona y extrovertida
bailas al son de las horas nocturnas
pensando en mi creer
de que estas sola en tu cama.

Mi sonrisa furtiva corre a ras de viento.
El sol cura mis heridas.
La luna recelosa no me mira,
y las notas que guardas
por las que suspiras
ya no son mías.
Para colmo, ¡están mal escritas!

Hoy serás tú la hoja y la diana.
Tus ojos mi venganza helada y aterradora.
Tu alma presa de tus propias mentiras.
Tendrás herida sin cura,
cada hora más ulcerada, más profunda.
Tu llanto no hallará consuelo.
Compradora serás de tu propio remedio.

Arduo el duelo de tu sentir
corazón resquebrajado en tu espejo
cuando esta noche halles
que mi apego desde hace tiempo
dejó marchar la venda de sus ojos
y halló cariño genuino pero ajeno.

Dura e implacable mi risa,
será cuando nada te quede.
Cuando desees devolver tu producto
usar de nuevo tu trasto antiguo
y descubras que este,
ya tiene juguete nuevo.

LLORAR

Solo se llora con el corazón,
solo lloramos con el alma
si el corazón ya murió en lagos,
solo se llora cuando
hay gotas que derramar,
y, aunque no merezcan la pena,
no lo podemos evitar.
Somos imperfectos
hasta para llorar.

BRILLO AUSENTE

Huelen a putrefacto las palabras que articulas.
Sonrisa de ángel tras interior de serpiente.
Manos acarician mi alma rota en pedazos,
mientras conspiras, ocultando traiciones.
Liquidas y dejas tan solo lo inerte.
Sol que arrasa y deja sin vida lo verde;
¡qué amargo sabor tu mal provecho
de las virtudes que tienes!

Brillas más en tus ausencias.
Sombríos campos persiguen tus pasos
que alimentas con acciones impunes.
El tiempo se encargará de la gangrena de tus manos.
Espinas nacerán en tus dedos.

Todo lo que he conseguido ha sido ya sin ti.
Bloqueo eras de la rueda de la vida.
Obstáculo en las sendas del amor.
Una mordaza en la voz del oprimido.
Una causa sin motivo,
tu conformismo dañino, tu malicia extrema
para todos ya acabó.

¿ACEPTAS?

Quiero tu incombustible mirada.
Los astros observados,
la belleza que desprendes,
y las alas otorgadas
a mi cuerpo sediento
cautivo de tus miradas.

Abrazos de nubes
que penetran mi abdomen,
unos labios que se escapan,
mi fervor ya no miente.

Sonrisas, solo sonrisas
y una boca que no engañe.
Mi corazón no desea
más tentaciones superfluas,
ni parches condescendientes.

Unos ojos que no ven,
una mirada sigilosa,
un largo baile a tres,
todas mis fuerzas agota.

CHINOS MÁGICOS

Me dirijo hacia casa tras pasar un rato increíblemente bello y hermoso. Subo por la avenida que da a mi calle. Y de repente me detengo en la puerta de un restaurante chino. Realizo una pausa en mis pensamientos y me dispongo a leer… "pollo al limón, rollito de primavera…" mmm ya sé qué voy a cenar.

Entro, descubro que no hay nadie – mala señal, o mejor dicho, increíble señal, significa que esa noche nadie ha descubierto la belleza de la comida china de ese lugar. Soy un privilegiado – Me siento dispuesto a esperar mi cena, y tras ocho minutos observando a los únicos espectadores de mi espera – un abuelo chino con su nieto jugando a las cartas y viendo una película en un portátil al parecer nuevo – digo la siguiente osadía…*¿les gustaría que les hiciera algo de magia"*…el niño; de unos 5 ó 6 años tras mirarme por un breve instante con una sonrisa enorme, mira al abuelo gritando *sí, sí* en busca de su aprobación. El abuelo, me hace un gesto de asentimiento, y me cuestiona con cara incrédula: *¿Qué tipo de magia?*

Me limito a mirar la baraja de cartas que acaban de dejar encima de la mesa.
Puedes - me dice.

Cojo los naipes gastados, siento el placer enorme y la responsabilidad de tener cuatro ojos mirándome inquietos y expectantes. Las finas cartas rojas y oscuras se desplazan entre mis dedos como filos de cuchillos, dispuestos a cortarme algún dedo si yerro o a concederme la alegría por la ilusión despertada en la infancia alegre que me mira y el gesto benevolente de un rostro surcado por sabios años de experiencia.

Descubro la carta que eligen ante sus incrédulos ojos. Una vez, otra, y una tercera. Y hasta una cuarta, esta vez, acompañada de la dificultosa tarea con el pequeño inocente tapándome los ojos por detrás y subido a una silla. ¡Salgo victorioso! Hasta yo me sorprendo (¡que grandísima belleza!, ¡un mago sorprendido y emocionado con su propia magia!)

El brillo fascinante reluce en los ojos del erudito que me otorgó el placer de emocionarle, sin él querer mostrar su asombro. Y el pequeño le pregunta a su abuelo cómo lo hago.

Me piden algo más, mientras la bella mujer que me tomó nota del pedido me anuncia que ya está mi cena. El abuelo dice que espere, y con la luz tenue y dos toques mágicos sobre mis dedos, uno del pequeño, otro del juicioso abuelo, consigo introducirme una moneda de diez céntimos en el brazo.

¡¡¡No puede ser!!! afirma el superior poniéndose en pie, y con respeto mirándome por todos lados, sin atreverse a tocarme por su cortés cultura, en busca de la pequeña moneda.

¡¡¡Y no se ha hecho daño abuelo!!! grita el niño.

"Chico chico, la cena ya está" me repite la bella mujer. Viene a mi mente el gran honor de alguien llamándome *chico* de nuevo y los recuerdos de cuando tenía 15 años y deseaba que me trataran de señor. Ironías de la vida. Sonrío.

No paga dice el gesto, no ya tan sombrío, y sí, risueño del abuelo. La mujer le hace un gesto de concesión. Yo se lo agradezco. Y marcho a casa dispuesto a devorar la alegría que me embauca. La sonrisa de un niño feliz por un instante, la sorpresa en unos ojos eternos de nuevo sorprendidos, el placer de ocho minutos de espera y mi osadía de invadir un mundo, que por breve tiempo sentí mío.

ME GUSTARÍA

Hoy tocaré el aire,
lleno de susurros y
cautelas.
Será mi secreto diario
contarle a él mis penas.

Corre no detengas;
que fluyen entre ellas,
los gozos y risitas,
lágrimas fugaces.

Me gustaría ser grande,
para abarcar toda mi condena.
Ponerla bajo llave,
evitar su huida.

¿Eres capaz de ayudarme?
Necesito una mano libre:
de mezquindades y horrores,
de sangre y prejuicios,
de envidias
y cóleras irracionales.

Cazo lloros al vuelo,
los regaño y sollozan.
Ellos también sufren
los infortunios de la vida.

Me gustaría abrir sendas,
llanas y floridas.
Desterrar hierbajos negros,
llenar mi cuerpo de verdades
más amenas…

Saber que perviven aún
idealistas frustrados,
empedernidos, humorados
y aún no vencidos.
Culmina mi pecho
con un puñado de fe,
y sonrisa en mis labios.

Venceré a mis ojos
y tendrán que cambiar
el escenario.
Gritaré en mis silencios
las obras malinterpretadas,
las alegrías fugadas,
el adiós a las desdichas.

MI ETERNA BALANZA

Conozco razones de peso para abrir mi puerta de nuevo. Me he dado cuenta de que sin ti no puedo vivir. La balanza se giró sobre tu piel, y lanzó lejos mis temores. Y he vuelto a quererte tras tu marcha. Te perdí y volviste.

No hay dudas sobre la cadena que ata nuestras vidas. Fijo la mirada en la almohada. No volveré a dejar que mis dedos abandonen su cárcel ni que mis manos dejen de tocarte. Mi casa cerrará; ahora para siempre, para tenerte presente y no olvidar que te quise, te quiero, te perdí, y regresaste.

Por momentos ya no sueño, tan solo vivo.

Descarto la posibilidad de volver a errar por mis absurdos recelos. Nuestras vidas se juntan para no romper más las cadenas que nos unen. Pero la balanza se inclina de nuevo al otro lado. Y no es mi desasosiego, sino tu razón que deposita el peso y desiguala la balanza.

Hora de un adiós esperado. Tu mirada fría se vuelve daga, y tus labios ya solo traen promesas. Tus manos son espigas, y no caricias. ¡Adiós amada mía! ¡Por favor no vuelvas!

Ahora, por fin me he dado cuenta.
Solo me queda aceptar mi oscilación vital.
El amor, tan solo es cuestión de razones, y de pesos.

NIEVE

¡Ay nieve que
muestras sonrisas
y esperanzas perdidas!

¡Ay nieve gris!
Agua mezclada de ironías.

NO ME ACOSTUMBRO

Dicen los más sabios, de los que cada día aprendo menos; que en la vida te terminas acostumbrando a todo. Siempre se termina uno por adaptar a las diversas situaciones y circunstancias. Por mi profesión, puedo asegurar, que ver morir a personas no es nada agradable. Nunca me acostumbraré, por más que quiera, por más que lo intente. A todo lo que les rodea momentos antes, esas lucecitas teñidas de colores, ilusiones que flotan en el ambiente, y percibes una envoltura especial. Es el *"sabor dulce de la muerte"* que te embelesa, te hace sentir tu piel fría, escalofríos eléctricos en tus cables nerviosos, y entre tanta sacarina, el sabor dulzón amargo del adiós…

Decía la Dra. Elizabeth Kübler Ross, que la muerte *no* existe, que debemos plantearnos la vida como un reto, y desembarazarnos de nuestras manías y miedos: la muerte es solo una fase más de nuestra existencia.

Antonio, tras meses de ardua desesperación, de miles de pañuelos mojados, de horas sin dormir reflexionando sobre qué es su vida, sobre qué es lo que quiere, sobre todo el tiempo que perdió en tonterías, y el tiempo que no usó en alegrías. Después de llegar a la orilla de la esperanza, hoy, la realidad le traslado de nuevo al presente, y aunque no quería perderla, nunca lo hizo, simplemente nunca la consiguió.

"Unos 7 meses"

El resto de la conversación ya no la escuchó. Su corazón tembló y fijo esa fecha a modo de cicatriz en su pared, ya es caduco, y él lo sabe. No pasará por las llamadas fases de **negación, ira, negociación, desesperanza** y **aceptación**.

Siempre fue persona que ve la realidad, ya **negó** su vida hace años. Tuvo momentos de **ira, negoció** sonrisas en bares con faldas cortas y *veneno* en copas. Se vio **desesperanzado** entre tantas mentiras de la vida y ahora, **acepta** su final...

"Nunca sabes lo que tienes hasta que lo pierdes"

Y en este caso más cierto que nunca, no valoramos la vida hasta que nos falta salud, o hasta que vemos que se nos agota, y lo peor de todo, es que muchas veces ni la disfrutamos.

El Señor Antonio, sabedor de su destino inexorable, sonrío y totalmente sereno, redacto las siguientes palabras...

"Toda la vida pensé que mi muerte iba a ser peor de cómo está siendo, me atemorizaba el día que llegara. El dolor y las caras de los que me quieren sufriendo por mí. Hoy me doy cuenta de todo el tiempo que perdí pensando en esas tonterías, y temeroso por comentarios y anécdotas contadas por otras personas. No soy creyente, ignoro si la muerte existe, si no existe, o si solo es un invento de las personas, que se obcecan en crear barreras en nuestras mentes (como la muerte) para que así valoremos la vida.

*<u>**Me da pena morir,**</u> no por miedo, no por dejar cosas sin acabar. Me da miedo morir, porque no sé si cuando lo haga, os seguiré viendo, no sé si os podré abrazar de nuevo, si podré reír tomando mis vinos y jugando otro mus con mis compadres. Me da miedo el no saber si habrá algo o no lo habrá, si todos estos años, se irán a la basura, y así sin más desapareceré como átomos de carbono que se regresan de nuevo a la tierra, y mi alma irá allá al cementerio de las almas olvidadas, a una placa que diga: Antonio vivió acá, y así sin más, ser otra persona más que desaparece. Por ello prefiero creer que existe algo, creer que todos nuestros años de vida sirven para algo, para algo más que tener momentos de alegrías y de penas, quiero creer que tras la fase que nosotros llamamos muerte hay otra vida, si cabe aún*

mejor, y así sucesivamente tras cada fase mortuoria. Donde no haya ni pecados, ni buenas o malas intenciones y obras, solo más vida que vivir, más años de existencia que se reciclan una y otra vez, donde nadie desaparece, donde nadie deja de vivir, donde nadie tiene miedo a eso llamado muerte, porque todos saben que solo es una transición a una nueva vida, una nueva oportunidad que en vez de traída por un año nuevo, es traída por el agotamiento de este, nuestro cuerpo.”

El señor Antonio, fue de las primeras personas que vi morir, ya hace algún tiempo. Le tenía mucho aprecio, sin conocerle de nada. Y acá me dejo su testimonio, para que sea recordado, pues dicen que las personas siempre viven mientras sean recordados.

COSAS BUENAS

Lian, era un tío siempre especial, como cualquier persona a su modo de ver. En su caso, aparte de ser duro de mollera, y hombre tenaz e incansable. Tenía un grave defecto: creía demasiado en los demás y en la conciencia moral entre las personas.

No confiaba en esa justicia de letrados, jueces, papeleos y trámites burocráticos. Sí en esa mujer de ojos vendados, que no mira a nadie en particular, se basa en la buena fe de las personas, en las buenas maneras, y en los grandes principios éticos y morales que siempre por fortuna han movido el universo. En unos tiempos más, y en tiempos de flaquezas, un poco menos.

Lian tenía pocos amigos. Siempre que alguien le preguntaba el motivo, él decía lo siguiente:

"Las personas que dicen ser mis amigos y quererme, me quieren solo a su manera, me critican porque no hago lo que ellos creen que debo hacer. Pero nunca se han preocupado en saber lo que yo deseo, el porqué, ni se han molestado en ver, si tal como soy, si las cosas que realizo son buenas, si llevan amor o si ayudan a alguien. Las personas que me quieren de verdad, no me juzgan por elegir mi vida, no intentan que haga lo que ellos quieren y no han podido. Simplemente me aman y me aceptan, como yo a ellos. No le digo a un amigo que deje de tomar drogas porque a mí no me gusten, sino porque pueda hacerle mal. Esto es aplicable a todo en la vida."

Nuestro querido Lian siempre que conocía a una persona, le ponía a prueba, le exigía dos cosas: respeto y sinceridad.

A priori, estas dos cosas parecían muy sencillas. Básicas. Nadie puede ser sincero, si antes no se sincera con su alma. Si no se acepta a uno mismo. Si no se respeta, ¿cómo va a respetar a los demás, a las demás cosas? Si te mientes a ti, ¿Cómo puedes creer que eres sincero con los demás?

Hombrecillo de principios fuertes e inamovibles, incapaz de ver una injusticia y no levantarse de la silla, incapaz de cerrar los ojos ante el abuso del fuerte sobre el débil, abanderado de causas justas o utópicas. Un idealista empedernido, no aceptado por muchos, criticado casi a diario, pero con una amiga incondicional que cada noche le abrazaba, le daba una palmadita en la espalda y le decía *"sigue así"*. Era la satisfacción de intentar ser justo y bueno. La conciencia le permitía un sueño profundo.

-Y si no le gusto a alguien, ¿qué más da? Si a alguien le parece que soy un "denunciante empedernido de todo lo que está mal" es porque a ese alguien, aún no le ha pasado nada y no se ve afectado. Pero cuando le ocurra algo, se dará cuenta de lo necesarias que son esas personas inconformistas que luchan por ayudar a los demás. Habrá quienes puedan seguir adelante gracias a que otros luchan por ellos. Yo, podré seguir adelante cuando otro me defienda y ayude. La vida es tan sencilla, si todos nos preocupáramos de que el que está a nuestro lado estuviera bien. El mundo sería fabuloso; por eso lucho yo cada día-

Sus condiciones eran sencillas: respeto y sinceridad. Con todo lo que estos dos grandísimos términos acarrean. Nunca hizo una excepción. Pero claro, ya sabemos estimados amigos, que siempre hay alguna, para todo existe una excepción que confirma la regla, en este caso nuestros principios.

Nuestro querido Lian, un mes antes de morir. Redactó esta carta:
Querida, estimada y amada mía.

Seguramente estarás sentada en el suelo de nuestro parque, seguramente tendrás en la mano mi pulsera que jamás me quité de la muñeca desde que mi madre me la regaló. Seguramente estarás sintiendo mi abrazo, pues te estoy abrazando. Lo sabes, siempre te estaré abrazando el corazón.

La última vez que te vi, fue un día hermoso, diría que jamás hubo un día con tanta belleza. Espiritual con los sentimientos que tuve en cada recuerdo de tu sonrisa mientras cogía la amapola que te regalé. Física con el abrazo tan profundo y sentido al vernos. Belleza mágica con ese beso húmedo que jamás dejo que mi boca se secara. Recuerdo como pediste tu copa de vino tinto, con ese gesto delicado al camarero que ya nos conocía. Yo me limité a decir que sí, cuando me pregunto si iba a tomar lo de siempre, mi Jacks Daniel con coca-cola (para emborrachar las penas)

Hablamos, reímos, y lloré. Salió el tema, lo comentamos, y descubrí que me engañaste. Ahora tal vez pienso, que es el destino el que nos coloca las casualidades en medio del camino, para ayudarnos a darnos cuenta de las cosas. Por fortuna para ti, supe mantener mi cara de póker y encajar aquel derechazo como si fuera una caricia. Eso sí, créeme que aunque lo disimulara, me dolió el alma, sentí como penetrabas mi costado con cada palabra y encima lo que más me hirió de muerte, fue que allí estabas tú contándolo con una sonrisa fatal en la boca, creyendo que yo te creía.

El resto, lo sabes de sobra, te mandé un e-mail cifrado y difícil de comprender:

"Gracias por haberme abierto los ojos, gracias por mostrarme que es muy difícil poder confiar en alguien. Aún así yo seguiré mi búsqueda. Gracias por creerme tan estúpido. Aprendí que tener sabiduría no te hace sabio, sí el saber emplearla. Gracias por haberme roto el corazón, he aprendido a realizar puzzles. Gracias porque a pesar de todo, me has enseñado que mi utopía de ser feliz, es posible. Lo fui contigo durante un tiempo. Gracias por que me has enseñado a mostrar mi desprecio a quien más amo, y sin tener que estar enfrente para evitar que veas mi compungido corazón y ver tu sonrisa satisfecha ante mi sufrimiento. Gracias, porque ahora sé lo que es decir ADIÓS."

Ahora, tras haber aprendido más de la vida, haré mi primera excepción. Más que nada, porque nací en la belleza, he de morir en la hermosura, y me veo obligado a aceptar una premisa: aún te quiero aunque sea de forma diferente. Siempre te he querido. Y el amor aunque no sea justo, sincero o correspondido en muchas ocasiones, **es eterno**. Me ha llevado toda la vida aceptarlo. Y ahora antes de irme deseaba compartir contigo mi excepción. Pues siempre he sabido alguna cosa buena: amar, ser justo, ser sincero. Ahora sé otra cosa buena más: sé perdonar.

Deseo que tú también lo aprendas.

Un abrazo eterno, Lian.

CORAZÓN/AMOR

Se requiere ayuda médica, técnica, o de cualquier naturaleza, pero de carácter urgente.

Firmado: Un corazón asfixiado, malherido, moribundo, ¡ah! y tal vez loco, pues sigue sonriendo…

Cansado de mentiras e ilusiones.
Oscuro, fundido, sin luz.
Rastrea signos de vida tras la sangre derramada.
Angustiado al no hallar más que algo
Zarrapastroso, destrozado,
Obtuso y sin claridad.
No llames por favor, si no cumples los requisitos:

Arriesgarse a sensaciones de todo tipo que no te dejarán indiferente.
Morir de carcajadas descontroladas y dolores de tripa.
Oler la pintura de mis dedos dibujándote el mar.
Respirar el aroma de mis caricias, la vida con cada ola,
respirar, respirar…

Sentir el universo entre nuestras manos
llegar a los confines de la razón,
negar al océano, al mar,
todo para demostrarte
cómo te puedo amar.

HOY

Hoy quiero escribir al viento,
hoy quiero morir de noche,
que mi alma dicte los versos,
y que la tinta se agote.

Hoy muero entre tus miradas,
hoy quiero callar a voces,
que tus risas sean marcadas,
y que me inunden tus roces.

Hoy sueño entre mis deseos,
hoy duermo entre mis sonrisas,
que ya no siento mareos,
ya no me escondo en repisas.

Hoy quiero sentirte mía,
hoy quiero ser tuyo entero,
ser el cigarro que lías,
ser el humo de tu esmero.

Hoy quiero callar al mundo,
hoy quiero escuchar tu cuerpo,
hoy quiero ser vagabundo,
de tus besos más sinceros.

Hoy quiero soñar despierto,
hoy quiero besar tus labios,
hoy quiero saber que he muerto,
sintiéndote en mi escenario.

Hoy quiero que tú me sientas,
hoy te siento aquí presente,
quiero que por mí te pierdas,
porque tú estás en mi mente.

MIEDOS

Aún veo tu foto en el marco,
en el espejo de la entrada,
en la mesita de mi cuarto,
en la sombra de mi almohada
con la luz de cada madrugada.

Suspiros en nuestra casa
anhelos en mis manos ya vacías,
y consuelo no encuentro
en los labios que ahora beso.
Tengo miedo.

¿Por qué no lo hacemos?
Lucharemos contra nuestros recelos,
contra nuestros maridos,
seremos sordos a los demás,
valientes en la mar de los perjuicios,
ciegos a nuestros defectos.
Ni siquiera recuerdo si los tenías.

Tengo miedo…
Tener tan solo que soñar,
no tener un hogar
no conseguir abrazarte.
No luchar por algo que los dos queremos.
Tengo miedo a tenerlo todo sin ti.

Vivimos vidas distantes,
fallecemos en cada recuerdo.
Sonreímos a la gente
lloramos por dentro…
¿Por qué no vivir juntos nuestro sueño?

No encuentro tu número.
Aquel papel arrugado
se llevo mis ilusiones,
mis sentimientos,
mis pañuelos manchados.
Pero no mi miedo.

Miedo a no ser valiente de corazón,
miedo a no vencer nuestros miedos.
Temor de no saber.
Si al llamarte.
Si al llorar.
Si al besarte.
Querrás coger mi mano de nuevo.

TRATO

Me ahogaré en mis gritos,
lanzaré sollozos,
y serán esos tus ojos
quienes hagan trato
entre mis cabellos,
ya rotos…

Mis noches no acaban,
ni suspiran de nuevo.
Mis letras no terminan,
aún gimen
entre tus tratos…

Seduces mi cuerpo.
Ese que ya no te quiere,
ese con el que haces trato;
de amor falso
de caricias infieles.

Donde estabas. Allá
viajará mi sustancia.
Aún querida, aún amada.
Allá donde realizas tratos
de amores. Pactos que
nunca cumples.

ENSAYO-ERROR

Soy capaz de alzar al aire injurias
incapacitado por la ira.
Soy capaz de llamar a Lucifer
y pactar con él el mañana,
soy preso de tus miradas…

Sin trucos, sin dobles caras…
Como la vida misma.
Me equivoco, te rozo, te miro,
y me miras, me sientes.
Te sorprendes; te beso.
Me equivoco y…
Te pierdo.

Soy así, es lo que hay.
Pero no solo es eso, ni solo hay esto.
Soy más horizontal, más sencillo.
Más corrupto y perfectible; con taras…
Pero soy así, sin más
ni con menos, pero con mucho.

Todo lo que sé, lo aprendí cometiendo errores

Será que siempre fragmento los caramelos en pedazos, que no sé chuparlos, que ignoro si tantos trocitos juntos fueran más completos, o más perfectos; será que soy demasiado perfeccionista y prefiero deshacer la vida en muchas partes, y después rehacerla. Será que me equivocaba, me equivoco, y seguiré haciéndolo. Total, prefiero ser practicante del "Ensayo-Error" y actuar, arriesgar, equivocarme.

EMPEZAR DE NUEVO

¿Quién, si analiza su vida en profundidad, no se pone
nervioso?

Hoy pasaron las horas de mi vida como la película de cine que vi ayer noche.

Ni una escena se detuvo. No tuve tiempo para tomarme un café. Ni para valorar si fumarme otro cigarrillo, o dejarlo de una vez por todas. Mandarlo a la mierda y empezar mi vida de cero. *"Empezar de nuevo"*- Cuántas veces habré comenzado de nuevo...

Lo que las personas no sabemos es que la vida nunca empieza y nunca termina. Siempre que decidimos comenzar nueva vida, no hacemos más que repetirla, reintentar cosas que ya vivimos, cosas que no finalizamos, intentar reinventarlas, rehacerlas, como un pintor cuando dibuja un cuadro con óleo sobre uno anterior de acuarela para taparlo y crear algo nuevo. Pero es inútil, aunque tapemos nuestro pasado, nuestras vivencias allí estarán siempre con nosotros. Gracias a ellas somos lo que somos, como somos, no comenzamos nada nuevo. Todo es como la ruleta rusa que se repite día a día. La bala en cada ocasión está en un orificio diferente, y eso es lo único que cambia. La situación, no la realidad.

Porque si algo me ha enseñado la vida es que los años no pasan en balde, y aunque sea con mucho dolor, de todo se aprende. De mis arrugas encontré experiencias, de mis heridas la fortaleza, de mis llagas aún abiertas aprendí cómo apagar el odio y calmarlas, de mis venas la sangre que por estas letras corre, de mis ojos las lágrimas que perdí y no las merecían.

Las circunstancias de la vida nos marcan aunque no queramos, mañana no seremos iguales que hoy.

Dice el agua que corre lenta.
No llevar remordimientos ni quejas.
Moja, avanza, destruye y crea.
Del pasado sin mirarlo se olvida.
Será solo eso, pasado.
Nada más.

Qué serán esas cosquillas que me inundan. Que será de mi vida sin mí, o de mí sin mi vida. Es divertido verme a veces desde fuera, observar detenidamente mi existencia agitada, sin pausas, con aspavientos constantes, como si me viera un extraño en la acera de enfrente.

Hoy analicé mi vida como si fuera otro. Al principio me puse nervioso, tantas horas malgastadas de nicotina, de cebada, y de lágrimas no podían ser buenas. Pero aun así, llegue a entender entre tanta locura, entre tanto ambiente no cuerdo, que lo poco que duró mi vida, la disfruté, sonreí, y fui feliz. Así pues, empecé de nuevo.

LUCHA

Solo quién lucha puede hablar del triunfo. Solo triunfa el que antes ha superado obstáculos. Solo caemos en la meta si has llegado a ella.
Solo quien nada tenazmente a través de las embravecidas aguas puede llegar a orilla tranquila.

Sí, efectivamente no puede ser más claro. Tan solo quien lucha lo consigue. Tan solo quien cree en algo y se pone manos a la obra puede conseguir las cosas que se propone.

Y por fortuna o desgracia también es cierto: Solo quien nada, escala, lucha y cree en lo que hace y se propone, solo ese es el único que también puede ahogarse en las aguas, y caerse de la cima. Solo quien llega a la cima puede caerse de ella. "Solo quien friega puede romper platos". Solo quien nada puede llegar a la orilla, y solo quien lo intenta puede ahogarse en las corrientes intermedias. Todos los que no lo intentan mueren antes de la salida, tendrán muerte lenta de remordimientos, resignación y la intriga de "¿y si lo hubiera intentado?"

Lo siento señores, prefiero morir en el intento que morir por dejadez. La vida es una continua toma de decisiones, y con cada una un riesgo. Una responsabilidad. La cuestión es si queremos vivir y sentir. O por el contrario observar cómo se apaga la vela ante nuestras expectantes miradas.

Prefiero que la vida me dé muerte mientras creo en lo que hago y lo realizo. Prefiero ser un ideal luchador a un ideal de palabra que muere en las noches resignadas e indecisas mientras se cuestiona si hacerlo o no. Pensar es una virtud hoy día. Pero hacer las cosas después de pensarlas detenidamente, reflexionando y comprobando que son las correctas es la virtud que tan solo los grandes tienen al alcance de la mano.

No lo pienses, hazlo. Al final nuestra firma en el tiempo serán nuestras obras. No nuestros pensamientos carentes de pragmatismos.

Nadar para llegar, luchar para ganar, escalar para llegar a la cima. Solo aquellos que lo hacen aunque jamás lleguen, ya han alcanzado las metas que otros admiran y nunca conseguirán.

¿Quieres pasar por la vida o prefieres verla pasar?

ARRIESGAR

Arriesgar es poner a riesgo las cosas. Todas las decisiones de la vida son arriesgadas; por ello no existe ninguna persona segura, porque en todo lo que hacemos arriesgamos algo, aunque solo sea el simple hecho de equivocarse…

David nunca había llorado. Ni si quiera el día que su padre murió precipitándose desde el andamio. David era un hombre reservado, sensible y por ello no expresaba nunca lo que sentía, para que no le hicieran daño.

Esta tarde, saboreó por primera vez lo que siente una persona cuando llora con toda el alma, cuando se acaban las lágrimas y desea seguir llorando. Las nauseas, y los vómitos injuriosos, a veces más amarillentos que la propia bilis. Descubrió que su coraza contra el mundo no era perfecta, tenia mellas, y por una de ellas, esta tarde, se resquebrajó por completo.

David sintió petrificarse su expresión, sus ojos secos ante lo inaudito, su orgullo con herida mortal, y todo ante aquella estatua: Patricia gemía como poseída sobre el asta viril de aquel hombre de piel clara y ojos verdes oscuros.

"Eres solo una puta que no mereces nada" pensó a sus adentros.

Pero no abrió la boca (bien, su orgullo aún tenía vida)

Aquella noche, notaba sobre su frente el cálido acero del revolver que heredo de su padre, un *S&W 38 SPL*. No podía creerlo, aun recordaba la noche que conoció a Patricia:

Estaba en un bar, esperando a un amigo que había ido al baño a "expulsar los malos tragos de su estomago" y ella se le acercó:

- ¿Hola nene, tienes fuego porfi?

Él mirándola a los ojos, le dijo tajante:

-"tus ojos sí que tienen fuego, y esta noche serán míos. Claro que tengo fuego."

-***no te hagas ilusiones nene, nunca seré tuya.***

Acto seguido se encontraban compartiendo con sabiduría sus lenguas, las manos de él abrazaban la cintura de ella, que vestía unos *"yins"* azul oscuro con una bonita camisa azul mate; y del cuello una corbata azul oscura se balanceaba por el canal que dibujaban sus senos.

La lengua de Patricia era un auto a toda velocidad por las curvas de sus orejas, las manos de él sujetaban sus nalgas con fuerza para suspirar y cerrar los ojos imaginándola en ropa interior...

Le cogió una mano-"sígueme" le susurro al oído-él se cruzó con sus ojos brillantes, no, no era la luz, eran sus ojos.

Llegaron al baño de mujeres, se metieron en uno de los habitáculos y cerraron la puerta. Acto seguido Patricia le besó fuerte en los labios carnosos y atractivos. Le empezó a desabrochar la camisa, botón a botón y recorría el cuello de David lentamente. De vez en cuando miraba de soslayo sus ojos de deseo y aún llenos de sorpresa, esos ojos que tanto morbo mostraban. Tras quitarle la camisa, encarceló los pezones entre sus labios, uno, después el otro...recorriendo el largo camino entre ambos con su lengua sobre la piel del su pecho suave, bien moldeado en el gimnasio, las uñas iban recorriendo su espalda, dejando pequeños surcos tras de sí.

David le agarró los brazos, la subió y la beso de nuevo, empezó a recorrer las curvas de su espalda, de su cadera, ella suspiro y le mordió el labio inferior, le llevó una de las manos a uno de sus senos, él lo acarició, en ovalaciones con las que sentía oleadas de placer y después lo apretó, suave, delicadamente para que ella lo notara comprimirse contra su cuerpo. Acto seguido con su mano libre le acarició su trasero e introdujo un dedo entre los "yins" y su piel. Notó el escalofrío de placer de ella...los labios de ambos no se separaban ni por la risas que les llegaban desde fuera. No existía nadie, nada. Solo ellos dos en aquel baño, en aquella hoguera de pasión...

David desabrochó el pantalón, se deshicieron de él, giro a Patricia, comenzó a besar toda su espalda mientras acariciaba sobre la camisa los pezones marcados.

Patricia notaba cada beso una eternidad. No había tiempo. No había espacio, solo aquellos besos cálidos, tiernos, sobre su piel caliente. Con cada uno aprendió lo que es subir al cielo para bajar de nuevo a lo terrenal. Descubrió que realmente existe algo llamado cielo.

Tras un largo camino llegó a sus redondas nalgas con un bonito marco rojo, esta vez también las besó, y empleo su lengua para escribir dos letras en ella… ella le agarró la cabeza por los pelos, ansiosa le dio la vuelta y le pidió que la poseyera allí mismo…-"ya, venga por favor…"-"Aún no cielo…aún no…"-Se escuchó un gemido intenso, pero inaudible fuera, y un dedo de David se dejo caer sobre el triangulo rojo delantero, le aferró la cabeza y le besó tan fuerte que sus labios no eran dos…

-"Ahora me toca a mí"-le dijo con la mirada furtiva, y sentó a David sobre la tapadera del inodoro. Retiro sus pantalones mirándole a la cara en todo momento. David estaba perdido en aquellos dos soles de fulgor, en un bosque de lujuria donde estaban solo ellos, y cuando se quiso dar cuenta, la punta de la lengua de Patricia estaba haciendo travesuras. Cerró los ojos. Cogió aire y le temblaron las piernas…

Ella se levanto, subió su mirada lasciva y de rodillas sobre David se acordó del fuego que le pidió un rato antes… ¿Solo había pasado un rato o una vida entera?

Entonces David abrió los ojos, recordó aquellas palabras de Patricia confiadas en su victoria…"nunca seré tuya"…se puso en pié, lanzo lejos el revólver de su padre, y pensó que no merecía la pena…

"la vida está llena de obstáculos, y hay que saber sobreponerse a ellos"

Al fin y al cabo, nuca fue suya, él lo sabía, y aunque nunca quiso hacerse a la idea y luchó por ello. Perdió. Ahora toca lamerse las heridas y seguir adelante.

"Quien no se equivoca de vez en cuando es porque no arriesga y si no afrontas nunca la adversidad, jamás conocerás tus fuerzas"

FUEGO

A fuego quiero grabar tus besos,
a fuego deseo borrarte de mis recuerdos,
en cenizas escribiré tu nombre,
para no volver a verlo,
para memorizar tus caricias y tus
te quiero.
Solo a fuego olvidaré tu nombre.

ESPERO

Ser sólido como el acero
sonreír, iluminar tu rostro de nuevo
perderme a través de tus ojos
cultivar mi temor en bellos silencios.

Germinar en tu siembra un rato,
seré fértil y más generoso.
No olvidar de dónde procedo
creceré en tu regazo sin recelos.

Seré bandera de causas nobles,
cazador de suspiros e ilusiones
desalojar sentimientos grises
tendré mi meta, no es más que el cielo.

Intentaré tenerlo todo muy claro.
Solo eso espero.

"LOS MALES DEL CUORE"
RETALES DE AMOR

Hay amores eternos
que enterré por temor
tal vez por cobardía,
tal vez, porque no quise ser yo
o probablemente por temor a perder
la vida que tenía.

Perennes, aún los recuerdo
con mirada triste, ojos embravecidos
y dolor eterno.

Merecen no menos
que mi alma los rememore
como grandes, muy grandes,
y con un peso más en mi corazón
que ni me deja vivir,
ni morir.

Y en cada fotografía
de esas teñidas, desgastadas,
y antes llenas de carmín
degenera un pedazo más
de esta mi alma vacía.

¡Esa sensación de oquedad!
saciado ya de besos
que no me aportan escalofríos
plenitud que no me deja descansar
abatido, ya no sonrío.

¿Por qué no vienes a buscarme amigo Hades?
pues tan solo busco descansar,
no pensar, no sufrir.
O al final, yacer será destino mío.

Siento un malestar con cada segundo,
aquí el oleaje es tranquilo,
engañosa calma
que probablemente buena en su día,
puñalada en el pecho cada mañana,
justificada por un intento
de razonar de mi cabeza.

Me persigue una sombra que no es la mía,
la recorto concienzudamente con manos
laboriosas, de un ser que no cesa;
seguro de hacer lo correcto
cada noche regresa.

Y sigo con manos blancas y limpias
conciencia relajada,
y una mancha roja y negra
que impregna mi entretela,
descarta opciones de salvamento
y descubre el peor de los sentimientos,
llamado remordimiento.

Pues todo son flashes Repetidos,
Mordi/dos cada mañana
mientras niego y Miento- frente al espejo
un sentir sin cura, sin rumbo de regreso.

ÉRASE UN HOMBRE
(emulando a Quevedo)

Érase un hombre a un café pegado,
con sacarina y no azúcar
padecía de la glucosa
y no estaba bien controlado.

Érase un hombre encerrado
en la esfera de su reloj dorado.
Érase un hombre con el tiempo
al trasero pegado,
corre arriba corre abajo
a todos lados retrasado.

Díjole un cacereño curioso e intrigado
"oiga Usted, ¿Por qué está tan angustiado?"
¡caballero no moleste!
que no tengo tiempo para estar aquí con Usted
echándome un parlado.

Corriendo al banco.
Corriendo a hacienda.
Corriendo a por el olvidado
regalo de su hija,
llegando a todos lados retrasado.

Érase un hombre con el "tic tac" detrás.
Poco tiempo, pocos recados completados.
Y al final no hacía nada, o sí,
llegaba tarde, solo y angustiado.

SOMBRAS; SOLO SON SOMBRAS...

"A quién se le ocurrirán ideas tan maravillosas" pensaba en su fuero interno David aquella tarde-noche de octubre. Con dos grados bajo cero, oscuridad plena salvo por las farolas medio-rotas del paseo San Vicente, y una brisa "acogedora" que hacía maldecir una y otra vez la decisión tomada una hora antes..."bajaré andando, así hago ejercicio, que hace mucho que no me muevo de la silla de la oficina"

Papá iba a ver orgulloso a su hijo. Jonatan correría la carrera más importante de lo que iba de campeonato, era la final provincial de los 1.500 metros. ¿Lugar? Complejo polideportivo "Salas bajas", ¿hora? las 8 de la tarde.

"Sombras, solo son sombras.
Con las hojas del atardecer...
Meciéndose entre brisas
Marchándose después..."

"Mamá, mamáaa!!! ¿Qué se mueve en la calle?"
"Tranquilo hijo, solo son las sombras de la calle, probablemente las hojas de los árboles..."
"¿Estás segura que no son los hombres malos?"
"Sí hijo, sí"
"Vale mamá, pero quédate a mi lado, hasta que me duerma"
"Sí Jonatan, duerme..."

Había sido una semana dura, estamos en crisis, y David cada día veía al jefe más preocupado. Ya no estaba tan seguro de que le fueran a dar el ascenso que le prometieron por su brillante trabajo en el diseño del puente. Estaría satisfecho si a finales de año conservaba su trabajo de toda la vida.

"¡¡¡Tranquilo!!! deja ya de gritar si no despertaras a los vecinos. Estoy a tu lado, abrazándote y nunca me separare de ti"
"vale mamá, pero, nunca es nunca ¿eh?"

"Nunca, es que siempre te abrazaré, incluso cuando no estemos aquí juntos, siempre estaré abrazándote el corazón"
"joooo mama, y ¿cómo harás eso?"
"Pues como las sombras que nos siguen a todos lados hijo."
"¿Y cuando las sombras se marchen?"
"Las sombras nunca se marchan, siempre están ahí, sombras son, su camino han de seguir hasta que encuentren un lugar adecuado, un sitio tranquilo"

Ya pasaban 2 meses desde el último achuchón que le dio a Jonatan, y quería que esta vez fuese especial. No estarían en casa donde discutir con Eva, que les espía continuamente y no les permite hacer casi nada al encontrar siempre cualquier excusa para recordar a su ex-marido; lo despreciable que es, y así calmar sus ansias de venganza y de orgullo herido.

Jonatan le recordó a mamá que fumar es malísimo, mientras Eva hacia caso omiso de las "bobadas" de su hijo y que encima le recordaban a su ex-marido: hombre anti-tabaco y anti-drogas. Eso sí después de su época "hippie" de los setenta.

¿Señora tiene un "piti" para darme? Ya que algo de dinero no me dará para pasar la noche en una pensión.
Se trataba de una chica veinte-añera, con cresta color morado y un aro en la nariz.

Mira chica, deja al chulo de tu novio, autor de los morados en tu cuello y llama a la policía, así no tendrás que pedir por él. Podrás buscarte un trabajo. Y si tienes "mono" vete a la Cruz Roja a que te den la metadona. No es culpa mía lo que te pasa...

Dicen que las desgracias vienen solas, se nota que a Ud aún no le llegó ninguna hija de puta...

¿¡¡¡Mamá, mamá!!! Quienes eran esos dos?

Unos yonquis hijo, personas que realmente no tienen la culpa de vivir en una sociedad desigual.

¿Entonces porque no les ayudas mama?

Venga "Joni" date prisa que aún tienes que calentar, si no te lesionaras.

"¡venga hijo, arriba! que el día apremia y hay muchas cosas que hacer"

"vale mama, pero tengo frío en los pies..."

"Joni; o te das prisa, o nos cerrarán el super. Ponte los calcetines y las botas de una vez"

"Jo, pues vale, pero no te enfades mami...es que me da miedo volver a la calle, ¿y si están los hombres malos?"

"Esos indeseables solo son sombras del pasado, hijo, intenta dejar que se marchen, o volverán a tu cabeza miles de veces a lo largo de la vida, pues las sombras; sombras son..."

"Mamá, papá decía que no le daba miedo morir, ¿porque tengo tanto miedo?"

"Hijo, morir, no es malo. Es ley de vida. Todos moriremos. Lo cruel puede ser la forma, el momento, las angustias que nos acompañan, las cosas inacabadas que dejaremos..."

"Mama no quiero que nos hagan daño"

"Joni, tienes que dejar de pensar esas cosas, tu padre nos protege, recuérdalo siempre"

Fue una buena decisión no llevar a su acompañante, Eva le habría mirado inquisitivamente. A pesar de que le amaba con locura, Eva jamás le perdonaría el abandono por una insensata universitaria de pechos aún erguidos y que hicieran todo lo que hacían, pues claro, la joven solo tenía que estudiar, Eva trabajar y cuidar de su hijo...

A pesar de la noche heladora, David iba entrando en calor, gracias al cigarrillo cubano que le trajo un compañero de la oficina, y al que no pudo resistirse, a pesar de llevar 8 años sin fumar. También le ardía por dentro su deseo de ver a Jonatan cuando le diera el regalo, ¡iba a ser genial!

Joni, se puso las zapatillas de tacos, los guantes en las manos y el gorro que su madre le regaló para entrenar, pero solo para entrenar. Joni no lo usaba cuando corría, pues le restaba velocidad…empezó a calentar y a realizar estiramientos, y al instante escuchó las sirenas de una ambulancia. Algo le estremeció por dentro. Por una milésima de segundo pensó que algún compañero se había hecho daño "ojala sea el imbécil de Tomás" se dijo a sus adentros. Lo tendría merecido por ponerle la zancadilla todos los días en el patio del colegio. Pero paso de largo, la furgoneta azul-blanca con luces y estruendosos sonidos no se detuvo en salas bajas. "Que pena, así no habría tenido rival, pero en fin, el sabor de la victoria será mejor" y Joni siguió calentando.

¿Estás bien? – interrogó David a aquella chica tirada en el suelo.

"Dame eso que llevas en el brazo, el cigarro que estas fumando y la cartera si no quieres que te raje entero y me coma tus tripas." – le espetó una voz entrecortada por detrás.

David sentía algo puntiagudo y largo que se marcaba sobre su espalda a través de la cazadora y su camisa.

"Vale, vale tío, pero déjame que me lleve la caja, es un regalo para mi hijo"- gritó aterrorizado, notó que le costaba articular palabra, gotas de sudor resbalaban por su frente.

"Mira guaperas, tú hoy dormirás en casa calentito mientras nosotros nos morimos de frío y daremos gracias si nos llevamos algo a la boca. Ya le comprarás otra cosa a tu hijo. No te lo digo más veces, o sacas despacio la cartera y sueltas la puta caja o te rajo."

David notaba la voz queda y temblorosa del sujeto detrás de él. Pensó que sería una insensatez hacer cualquier intento de zafarse, soltó la caja y lentamente le dio la cartera a la chica que hacia un instante estaba en el suelo.

"Adiós gilipollas". La chica y el sujeto salieron corriendo. David sintió un gran alivio, y un relámpago de calor invadió

su cuerpo. De repente se puso de rodillas sobre la acera de la gran cuesta de los hospitales, cerró los ojos, se desplomó.

Todo estaba preparado, los participantes en sus puestos, Joni miró a su madre, que le lanzó un beso y en sus labios leía el "animo campeón" pero faltaba alguien allí animándole…Había gritos ensordecedores, megáfonos y banderitas de diferentes lugares. Entonces comprendió el significado de "soledad"

Sonó el disparo. Joni se lanzo fugaz como una flecha hacia su meta…

Sonó también el móvil de Eva. Llegaron al hospital, despúes a la comisaría para ver a los sospechosos denunciados por un viandante y detenidos pocas horas después.

Petrificada, Eva recordó aquellas palabras al ver a los sospechosos: *"las desgracias nunca vienen solas"*

Hace un mes que David no pudo entregar las preciadas zapatillas firmadas por Fermín Cacho a Jonatan. La puñalada en la espalda y la hemorragia no le permitieron disfrutar ver los ojos grandes como platos de Joni con las herramientas de su ídolo. Ni tampoco abrazarle por ser campeón provincial. Aunque eso sí. "Siempre estará abrazándole el corazón."

INCOMPRENSIÓN

Esta necesidad de abrazarte
el incordio de tu ignorancia
la tristeza, compañera de viaje,
sonrisa torcida por emblema.

MI RAZÓN

No te amare una noche,
ni un día,
serás razón de
mis sonrisas,
apoyo de mis penas,
causa de mi vida.

Así te amare todos los tiempos,
vivo, muerto o inexistente,
serás el agua que avive
la razón de ser de mi alma
la fe de amar, aunque yo,
ya no me descubra.

VACÍOS TRAS LA FACHADA

Una copa vacía,
una sonrisa forzada
un día incompleto
una farsa sin razón.

Clavo notas en la pared
de tristezas dulces,
de caramelos amargos,
de condimentos banales
de ilusiones que no saben.
Si no te tengo a mi lado.

Mis sueños en una botella
llena de licor.
Me calma, me envenena,
mi antídoto
solo es la muerte.

Sin ti no soy nada,
ni el eco de las palabras,
ni las sinfonías de esperanza,
ni las sonrisas malgastadas,
ni las fresas con nata
que en mi boca,
carecen de sabor.

Nado entre los vacíos
huecos de esta piel.
Mis manos cosen los hilos
de un abrigo roto, y
mis ojos se inundan de estrellas,
vaciando la copa de lo que fue.

Y se lo que soy, lo que he llegado a ser,
me olvido de lo que fui, lo que creí que era.
Los sueños se cumplen y mueren.
Y todo ahora está bien, es decir
creo que no está del todo mal.

Cierro los ojos, nada es real,
nada me preocupa.
Porque sin ti soy la nada mentirosa
que todo inunda, que todo destroza.
Nada en mi universo, nada en mi lágrima.
Nada que quiera llenarme.
Ya nada me llena como antes.

HACER FELICES A LOS DEMÁS

***"Para comprender a los demás, y ser tolerante con ellos,
primero hay que entenderse a uno mismo, y tolerarse día a día."***

Pili (así llamada por los más cercanos) odiaba el paso del tiempo. Nunca entendió porque las personas se empeñaban en disimular que se hacían mayores. Ella misma durante un tiempo dejó de mirarse en el espejo para no ver sus arrugas. Intentaba cada día hacer algo que la rejuveneciera. Pero no ocultaba su edad ni los efectos que el tiempo tenía sobre ella.

Aún se dibuja una sonrisa en su rostro cada vez que recuerda la expresión que siempre usó cuando se enfadaba:
¡Me estáis poniendo blanca!

Cuando le preguntan porque decía blanca en vez de negra, ella afirma que era porque con cada enfado, con cada mala noticia, se hacía más vieja, con más luz, y adquiría una mayor claridad de ideas ante la vida. Es el paso del tiempo, te hace mayor y te ayuda a darte cuenta de cosas que cuando eres joven no ves. Siempre es mejor usar expresiones más auténticas como el blanco, que otras menos *positivas* como el negro.

Han pasado muchos años desde la última vez que se corto el pelo. Ya no se maquilla ni se aplica cremas. Juan, su ex-marido, siempre le reprocha que no se prepare y arregle para tapar las grietas de su cara cuando quedan para ir a misa, tomar un café y hablar de sus cosas. El tiempo hace su función; ella encantada con disfrutar de sus efectos, hacerlos suyos. Pues sabe que quiera o no, seguirán su curso.

Hoy han llamado del hospital para comunicarle que Juan está peor. Nada más colgar, se ha vestido con el traje que tanto le gusta a él y que le regaló hace cinco años. Se ha pintado los ojos con la sombra de ojos perdida en un cajón de su cómoda, un poco de colorete por las mejillas y ha bajado a la peluquería a cortarse el pelo y peinarse. Ha cogido un taxi y fue al hospital a estar toda la noche abrazando a Juan.

Fue la última noche que pasaron juntos.

Una de las cosas que Pili aprendió, es que aunque tengamos razón, nos cuesta muy poco ser flexibles y hacer felices a los demás.

*A mis padres con todo mi cariño, porque ni ellos ni yo jamás entendimos el verdadero significado de la flexibilidad.

IMPOSIBLES MINÚSCULOS

Este silencio que respira profundo es la pausa perfecta que responde a tu mirada desafiante. Tus soles iluminan la belleza que separa nuestros cuerpos, cuando la cadena que ataba el reloj a las horas humanas se rompió. Y ninguno de los dos supimos superar aquel abismo de ínfimos centímetros. Todo se acabó.

ESPEJO

Siempre terminamos mirándonos en el espejo.
¿Por qué será que siempre vemos en él de todo menos nuestro
reflejo?
Esos copos de ceniza,
esas luces de invierno,
esas melancolías perdidas en el desván.

DÉJAME MORIR A TU LADO

Tengo tanto que contarte. Tanto que ofrecerte, pero no puedo prometerte nada que no dure para siempre. Deseo hablarte de tantas cosas mientras cierras los ojos y nos abrazamos...Mi ansia es mirarte a través del verde de tus niñas, cuando te agarro y esperas que jamás te suelte. Recuerdo tantas palabras que no quise decirte, y que no deseé guardarme. Pero nada es para siempre. La gente lo dice. Yo, tan solo me dejé llevar por la corriente.

Tengo tantas ganas de poder cerrar los ojos y mirarte de verdad. De ver tu alma una milésima, de una última oportunidad. De demostrarte que existen cosas eternas que en el corazón no terminan. Porque no muere quien quiere, solo aquel a quien le dejan morir. Yo lo deseo. Y no consigo encontrar hueco de medida justa a esta mordiente sensación. Por favor déjame morir a tu lado. Porque el amor, sí que es eterno. Quiero abrir tu corazón y susurrarte de forma perenne el caer de mis hojas, los círculos concéntricos y cíclicos de mi vida destinados al núcleo de la tuya. Tengo que reconocerte que he intentado no quererte. Probé jugar a la suerte con mis sentimientos, a escribir; no sin recelo; mis contradicciones amorosas sobre esos folios en blanco que tanto me aterrorizan. Apocado degollé mi vida en un instante. Al principio incluso me pareció fantástico. Libre, todo dolor era efímero, ninguna preocupación.

Pero sigo siendo el mismo niño del café mal hecho, con peor humor recién levantado; y sobre todo; el de la sonrisa al verte a mi lado. Ahora lloro tras sepultar toda posibilidad de reencuentro, tras descuartizar mis principios por las prisas, la inseguridad y el miedo. Tan solo me queda mirarte de lado, cerca y rozarte con mi certeza; esa que necesité confirmarme a mí mismo. Por favor, déjame morir a tu lado. Porque el amor, sí que es eterno.

SOLO ESTA VEZ

Solo esta vez déjame odiarte
entre las sombras de la noche
que me llevan al crepúsculo.
Donde el sol jamás se pone,
ni la luna me guarda en su regazo.

Solo
con la neblina del amanecer
puedo enriquecer mis labios de besos tuyos
y maldecir a esa esperanza humana
por solo permitirme soñarlo.

Solo por esta vez gritaré al alba tu nombre.
No volveré a ser esclavo de mi alma
esa que por ti suspira
que por ti vive cada día.

Jamás fui soñador,
construyendo castillos sobre sueños
ahora deambulo sin meta,
pero sueño contigo y no puedo
vivir sin esos sueños.

Llegará la hora de marchar
hacia estrellas no conquistadas
tal vez nunca llegue a ninguna,
tal vez fracase en mi búsqueda.
El primero en ser feliz si
veo tu sonrisa por mi ventana.

Gastaré mi último alijo de esperanza
en vencer al destino,
ese que me obliga a quererte
y de ti me separa.

VUELVE

Que tu marcha sea efímera,
y tu vuelta una cura,
que tus segundos ausentes
no prolonguen la espera.

Vuelve, pronto o tarde,
aquí te esperamos,
ansiosos de tu compaña,
con sonrisas de añoranza.

*Dedicado a Ybris que estuvo ausente de letras, pero presente entre
ellas siempre.

POR LA CALLE DEL OLVIDO

Por pura casualidad. Al igual que todos los días desde hace bastantes años. Nada más levantarme, repito el ritual de ir al baño y lavarme la cara. Enciendo la radio y la dejo de fondo mientras tomo el desayuno, a modo de compañía sin que me moleste mucho, pero también escuchando los titulares, o alguna que otra tertulia de forma disimulada, para que no se llene de vanidad y afán de protagonismo.

Hoy, han puesto tres canciones en las pausas que siempre hacen en el transcurso de tiempo en el que desayuno, me ducho y me visto. Hablaré de una que me ha hecho derramar una lágrima melancólica y feliz.

Tenía cerca de, bueno, (trago saliva) digamos que muy pocos pasos de inocencia. Estaba en esa edad en la que uno solo se dedica a estudiar en el colegio. A intentar portarse bien (era un trasto de mucho cuidado) a hacer deporte y actividades *extraescolares* como los idiomas, el futbol, karate, ajedrez (y leer a Machado, Becquer y Quevedo en casa a escondidas y sin que nadie lo supiera para que los amigos del colegio no se rieran de mí)

Llegar a casa, y sopesar si intentar hacer los deberes o pasar de las órdenes de Mamá…*"hijo a hacer los deberes"*. Coger un cómic del Capitán Trueno, un libro de Dumas de esos polvorientos de Papá que tanto me gustaban, o cuando me había releído ya algún poema de Neruda saltaba a la silla, y una vez lograda ardua tarea, volvía a saltar encima de la misma y me hacía con uno de Asterix & Obelix ya que me empezaban a caer bien esos dos personajillos extravagantes y dispares.

Por aquel entonces ni te fijabas en las chicas. Los días libres de actividades (y de preocupaciones para los padres) a jugar con los amigos (a las canicas, a las cartas) o a hacer pillerías varias entre la gente del parque donde *"nos dejaban sueltos"* nuestras despreocupadas madres, creyéndonos angelitos. Y si alguien nos regañaba o hablaba con mamá, pues a poner cara de niño bueno y a negar de un lado a otro con la cabeza. Si hacía falta un plan B, hasta llorábamos, aunque eso fuera solo estrategia desesperada ante la atónita mirada del padre *"quejica"* que en ese momento desistía en la idea, de que su *"terrible agresor"* recibiera un castigo por parte de su tutor.

Un mes de octubre, iba de la mano con la chica que nos cuidaba (Tomasi, un besazo enorme aunque no leas esto) ella se paró en un escaparate y mi cabeza percibió una melodía, terminó, y empezó otra.

Otra tarde…y otra… y me di cuenta que estaba cantando esas extrañas canciones que solo decían cosas súper cursis y de mariquitas, y ¡claro! La tienda de ropa de aquella galería comercial junto al parque donde pasábamos tantas tardes, era regentada por un fan de ese maravilloso grupo. Todas las tardes ponía su música, y yo, sin quererlo ni saberlo, me había aprendido esas canciones cursis.

Ironías de la vida, mi primera novia, eligió una canción de *"Los Secretos"* para dedicármela la primera vez que bailamos. Años después me daría cuenta en aquella galería que aquel grupo marcaría mi vida.

Y ese escalofrío recorrió mi nuca, directo a mi corazón durante un par de minutos esta mañana. Y por la calle del olvido, empezó a marcar mi destino.

NADA

Todavía veo tu rostro.
Embriagada de llantos
aún sonríes al ver mis fotos enmarcadas;
mientras te acaricio el pelo y no te inmutas.
Odio ser habitante de la nada.

Aborrezco sentir este rechazo,
ni dioses ni llamas me dan tregua
ni aun existen las maneras
de tenerte de nuevo en mi regazo,
sigo siendo la nada que ignoras
el vacío entre mis manos.

Solo te deseo entera,
inquieta y bella, a tu manera,
quizás no perfecta, no me importa.
Eres ideal, para un ser con taras,
el que te escribe y a la vez añora.

Doscientos recuerdos que amarillean,
como las fotos,
que eternas,
envejecen en el cajón.

Como si la luna menguara cada mañana.
Sin ti las noticias no tienen sentido.
Ni las buenas ni las malas,
ni siquiera las que fueron de ayer.
Dos palabras que sin tus oídos
no significan nada,
nada, menos que nada.
Y una boca ansiosa de la tuya,
    que ya no pretende nada.

ENCONTRANDO CAMINOS

Estoy cansado de estar fatigado
y perdido de conocer donde me encuentro.
Estoy angustiado de mirar mi vida;
agarrarla y descubrir que no me pertenece.
Estoy cansado de querer escapar y
de que no me dejen.

Y ahora,
en el límite de los sueños,
las sonrisas y las muecas
ya no sé cómo estoy.

COLLAR

Tengo un collar de palabras,
tú, lengua viperina.
Jamás ceñí a tu cuello yugo alguno.
Despiadadas son tus acciones
ante un fracaso que solo es tuyo.

Se desplomó la paz
abriendo camino a la muerte.
Sobre ella unos ojos de estrellas
una tierra estéril, amontonada e inerte
luces tenues te pertenecen, ese es tu legado.

Sollozos inundan tu vida
completando la de otros con sonrisas
amargos dulces aguardan en la esquina
pues el tiempo a todos nos llega.

TE RECUERDO

Te recuerdo
en cada pensamiento.
Y te hago más presente,
más palpable,
más cerca de mis ojos,
más lejos de mis manos.

Escurren entre mis dedos,
gota a gota, sentimientos
motivados por ti.
Escapan de mi alcance,
y hombro a hombro lucho
contra el olvido:
Prefiero recordarte.

Rubrico mi mano en esa baldosa
donde escribimos nuestros nombres
para la eternidad,
donde dejamos nuestras esencias,
donde gritamos el *juntos o muertos*
donde ignorantes de nosotros,
creíamos ganar al tiempo.

Recojo la parte de alma
sobrante y desparramada entre las grietas.
Y ahora, con tan solo un pensamiento me doy cuenta:
Sí, prefiero recordarte.

ENGAÑOSA FELICIDAD & DURA REALIDAD

Ester nunca rompió un plato, y no porque no fregara. Jamás se acercó a otro hombre, porque le daban asco. No hubo ninguna ocasión en la que deseara nada, porque era feliz *a su modo*. No tuvo una muñeca que vestir, pues no le gustaban. Le recordaban al resto de mujeres sonrientes y felices. Ni un dibujo que colorear o una revista que leer, pues odiaba leer noticias del mundo exterior que solo cuentan mentiras (según afirmaba ella)

Por el contrario; le encantaba limpiar su casita de paredes blanco-oscuras, sus jarrones llenos de nostalgias y heridas; lavar sus ropas y sábanas, tintadas de vez en cuando con algún atisbo de tintura roja que no se olvida.

Cada mañana se levantaba orgullosa porque durante la noche, había conseguido dormir en paz, a pesar de su terrible dolor de espalda, del incomodo malestar en cuello y cara (por la maldita almohada…) y de tener que coger la muleta para apoyar el pie derecho malherido (*maldita esquina de la puerta* se recordaba cada día)

Dejó de ir al trabajo, pues no merecía la pena. Sus compañeras se reían de ella, y solo sabían decirle qué tenía que hacer, pero ninguna le ayudaba, ninguna le preguntaba cómo estaba.

Desayunar, limpiar, ir al baño, hacer la comida, atender a sus 2 maravillosos hijos y meterse en la cama por la angustiosa fatiga física, ese frío en las entrañas…Llega la hora de la comida y de nuevo el lamentable sentimiento de culpa, ella no quería, y otra vez los latigazos de dolor por su cuerpo. De repente, abría los ojos, con dolor de cabeza; "ya está, ya pasó" se levantaba del suelo, y volvía a sus tareas, hasta la hora de la cena.

Día a día, Ester se convencía más y más de lo increíblemente feliz que era, de lo afortunada que debía sentirse por tener a alguien que solo deseaba y actuaba por el bien de Ella.

Ester, murió con tan solo 28 años. Eso sí, *feliz* porque *él*; solo buscaba lo mejor para ella, su bienestar, su *felicidad*. Y al final lo consiguió, la última patada en la cabeza consiguió cerrar los ojos de Ester para siempre. Ella entonces sonrió. Fue una sonrisa con mueca torcida, pues Él seguiría vivo, pero esta vez, para hacer *feliz* a otras…

ESENCIA TEMPORAL

(Canción "Empezando de nuevo" del grupo Ernest)

Aquí y ahora me miro en el espejo. Dime tú qué ves. Tan solo veo recuerdos, como brisas de verano, pero que no airean el patio. Hojas que caen marchitas para mojar mi alma de impresiones que no fueron y pudieron, pero no llegaron a tu boca. Recuerdos de un abrazo, de una caricia, de un gesto, de un sueño translúcido susurrando suspiros a través de tu piel.

Hasta las veces que me hicieron errar y despedirme de ti son eternas; como las fugas de mi cuerpo de este mundo sin ti. Octubre nos pidió un adiós. Le otorgamos el regalo y le despedimos. A cambio ahora ya no duermo, es mi deuda, mi condena. No sé si podré algún día volver a reconciliarme con el amigo sueño. Realmente no sé si lo deseo. ¿Para qué? Serían más dolores. Más recuerdos, más notas, más fotos, más hojas escritas que no se borran aunque les pase mi goma del olvido...y más mentiras, más engaños. Prefiero no dormir, no cantarte, no sonreír, así mi dolor será más intenso, más penetrante, pero pasajero.

Abro los ojos, comienzan de nuevo los miedos y esta mareada de ideas me acecha de cerca, muy de cerca. No entiendo nada. Lo poco que aún llego a tener claro, es que me tortura quererte como te quiero, que las calles sin tus abrazos no me saben a nada, que mis cafés solos con hielo y baileys están cada vez más fríos, más solitarios, y más aguados. Ya no me los tomo, dejo pasar el tiempo mientras me pierdo por los rincones en los que sonreíamos, en los que un abrazo de un segundo mantenía vivas mis ilusiones sobre el amor de forma eterna.

Son las 3 de la mañana. Vagabundeo por mi casa y miro el espejo. Ya no sé si veo un reflejo de mi triste vida, a un fantasma feliz del pasado con media sonrisa y la ausencia de su otra mitad o la persona que los dos formamos por nuestro orgullo.

Cojo el abrigo que aún guarda tu aroma, mi bufanda con algún que otro pelo tuyo, agarro mi paquete de turno, esta vez tocó Camel. Y llevo la mano al bolsillo donde antes había también una sola, formada por diez amores entrelazados. Abro la puerta y veo el espejo de la entrada: Hay unos labios secos aún marcados en el camino de vuelta. Un abrazo eterno de amor inevitable, cultivado, imprescindible en las noches de mi espera. Una arruga en ese reflejo que mira y que aun ansia que vuelvas. Una imagen que imagina aun, la tuya a su lado. Dime, ¿qué ves en ese espejo?

Salgo de casa sin rumbo fijo. Las 4:00 a.m. Llego a nuestro bar. A nuestro rincón junto a ese altavoz, descubro mi presencia infinita, tu ausencia eterna, irremediable, insufrible. Nada me vale ya, más que para alimentar mis llamas y sepultar este silencio que invade mi cuerpo.

Mi alma llora lágrimas. Un día leí, que las lágrimas de un poeta de verdad cuando tocan el suelo dejan un orificio en él para que alguien pueda plantar amor algún día. Desconozco si tengo la suficiente valía para que la sangre de mi alma realice tal gesto de amor. Pero conozco el valor de cada pedazo de mi ser. Y solo tú puedes recomprarlo.

Cierra bien los ojos y mira tu alma porque es la única forma de verla, de tocarla.

Dime si realmente merece la pena. Dime si soy el único de los dos, que se siente vacío al andar por las calles y no tener su otra mitad de la mano. Paso por nuestros parques donde grabamos a fuego nuestros nombres con abrazos.

Esta oquedad que tengo en el costado con solución de continuidad tan solo puede completarse con la única luz que sabe mirar mis ojos, sentir mis manos, coger mi sonrisa y hacerla suya. Solo esa luna puede entender mis noches, mis quejas acerca de este mundo injusto y corrupto que deseo mejorar cada día.

Y este eclipse total, tan solo me permite recoger mis pedazos, mirar entre mis recuerdos, observar lo que era, ver lo que queda de mí, e intentar recomponerme.

Hoy empiezo de nuevo en la vida
y no estás a mi lado.
Solo queda alargar mi brazo
abrir mi mano, abrazar fuerte
mi existencia.
Asumiré la realidad:
Tú ya no estás, y me alegro de ello.

INDIFERENCIA

Jirones de mi piel te curaron,
en mi cama recuperaste la sonrisa.
Las noches se te hacían eternas
entre mis abrazos de amor y mis caricias.

Aprendiste el significado de amar.
El dolor por lágrimas de quien te quiere.
La armonía de un cuerpo vacío completado por otro.
La felicidad de tener un apoyo incondicional
en las veces, que no pocas, te equivocabas.

Ya la estrella pasó fugaz como la vida.
Tus deseos de amor incondicional se esfumaron
como el humo de mi cigarro con cada bocanada
como tu gesto torcido cuando te dije se *acabó*

El amor dejó la cicatriz de la simple amistad.
Y tus ojos olvidaron aún más la franqueza.
Tus manos llenas de corazones, carentes del ansiado,
tus besos envenenados, tu voz como un rayo
impulsada por el odio, atroz, ignorante, en eso terminó.

El detestable odio ocupo mi cuerpo,
ochenta euros valía tu dignidad.
El dinero te cegó la realidad
tus compinches malvados no te dejaron pensar.

Esa caja maravillosa del olvido
empleaste de forma errónea por tus rencores sin razón
con el que te ayudó todo lo que pudo
y al que solo hacer daño fue tu intento.

Las nubes se cerraron sobre mi vida.
El mal humor asfixió mis días.
Tabaco, pastillas y amigos fueron mi refugio.
La indiferencia de tus actos mi corazón hería.

Incomprensión, dolor y lágrimas
levantaron resquemor hacía tu persona
y tus súbditos carentes de razón.
Odio que odiaba tener al recordar nuestros días.
Dolor que sentía mientras quemé cada una de tus fotos.

Todo pasó, la razón hizo pesar su honor.
Tus ochenta euros fueron tu trampa mortal.
Al final ni dignidad, ni honor ni dinero te quedó.
Por el agujero de tu bolsillo escaparon.
Te quedaste sola con heridas sangrantes en la piel,
las que antes yo curaba.
Sin saber donde esconder el rubor
de tu rostro de porcelana.
Fragmentado por la ira, el despecho y el olvido.
Los remordimientos te fustigan, toda la vida lo harán.

El miedo que me atormentaba
por saber que sentiría al ver tus ojos por la calle
esos ojos que lo fueron todo, y ya no son nada.
Desapareció al verte ayer en ese bar.
Ni odio, ni rencor, ni un recuerdo bonito
ni pena por tu condena, ni el odio que mereces,
ni siquiera compasión porque fuiste mal aconsejada.

Tan solo sentí indiferencia.
Eres la nada que nada me importa.
La que me causa indiferencia.
Yo sí supe emplear bien el olvido.
Y ya no sé quién eres, ni me importa.

NO SABEMOS LO QUE TENEMOS HASTA QUE LO PERDEMOS

Ramón, había leído esa expresión a menudo en la prensa. La había escuchado tantas veces en la boca de los demás; y ahora la escuchaba retumbar en su cabeza como si fuera suya, como si nunca le hubiera prestado la atención necesaria, viéndose condenado al eterno recuerdo de la desgracia, en ella contenida, saboreando el sabor amargo de la tristeza.

Cogió el llavero con el muñeco de Mickey Mouse que le regaló años atrás, introdujo la llave en el contacto del coche. Miro a su derecha. No había nadie. Tan solo el olor a tabaco de cuando ella fumaba; a pesar de que él detestaba que lo hiciera en el coche.

Llego a casa. Se lavo la cara, y preparó dos copas, una de Jack Daniels con coca cola, y otra de Tanqueray con limón. Encendió el televisor y se dejó llevar por la somnolencia y el aroma de un *Nobel* que nunca faltaba en su bolso. Antes de adormilarse del todo, recordó la discusión de la noche previa:

"nunca tienes tiempo para mí, tan solo para el trabajo y tu estúpida manía de escribir cuentos, aún creo que era mejor no habernos ido a vivir juntos, así apreciarías más mi compañía, y me demostrarías mejor, todo lo que yo sé que me quieres"

Pasaron pocos minutos desde que el sueño le invito a recordar el accidente de por la mañana, rememorar cómo aquella mujer frente a él, agarrándole del brazo, le pidió "por favor, dile a mi marido que gracias por haberme hecho feliz toda mi vida". De repente, Ramón tembló, se le erizó la piel sudorosa y se cayó del sofá. El ruido de la puerta le hizo ponerse en pie de inmediato….

Cari, ¿qué haces sudando? ¿y porque me miras con esa sonrisa?

Hola cariño, te estaba esperando y te preparé una copa.

¿Una copa?

Si, es para celebrar lo que la vida me ha concedido antes de tener que hacerlo cuando no lo tenga. ¿Sabes que te quiero?

PARA SIEMPRE

Lloro y no lo puedo evitar,
ojalá vosotros pudierais
gemir conmigo, darme la mano,
veros el rostro, sentiros a salvo.

Os escucho cada día,
odio cuando calláis.
Seréis mi voz para siempre,
mi alma, mi sonrisa torcida
con cada recuerdo,
con cada trago de saliva
por mi garganta seca,
de rencor, resignación
y pena.

Cada foto mental
que traspasa mi mente,
cada olor que evoca
aquel olor a muerte,
y una cosa en la cabeza:
191 +1.
Exhausto, destrozado, me
dejan sin fuerzas.

Aún me despierto en los vagones,
cuando viajo y me siento en ellos.
Me levanto inquieto, no puedo
ver de nuevo aquello…

Por una vez la sangre,
era roja rutilante,
roja de pureza, de desgracias,
de injusticia y desagravio,
de recuerdo y angustia
de mis lágrimas continuas,
cuando os recuerdo cada día.

Perezas y no despertares
que durmieron a más de uno.
Gracias por una vez:
madrugar aquella ocasión
no fue de agrado.

Aun miró tus ojos clavados
en una esperanza, en mis manos.
Será que no era el día ni el momento,
ojala también tú pudieras lamentarlo.
Lo siento.
Un viaje al trabajo, al colegio,
a las clases, un viaje fuera de hora,
en un tren que no se detiene,
una fecha en la memoria,
gente que nos os olvida.

*En recuerdo del **11 de marzo del 2004**, día del atentado en Madrid.
Aquel día, todos sentimos como una parte nuestra moría con todos ellos.

Este texto es de un gran amigo y hermano, y estoy seguro que le gustará verlo publicado. Un fuerte abrazo.

VIEJO MÚSICO CALLEJERO

La lluvia recorría sus encallados dedos, hartos de "LA Mayor" y "SI Bemol", cuando aquel viejo músico se disponía a recoger su maltrecha guitarra y guardarla en la que algún día fue una funda reluciente. Pero el relucir había pasado hacía muchos años. Y el cielo estaba nublado.

Se arrodilló y tomó su sombrero que a tantos viajes le había acompañado. Recogió unos pocos céntimos que habían dejado en él, y se lo puso guardando la recaudación en un saquito de cuero, parecido a un monedero, recuerdo, quizá, de alguna de sus giras.

Se ató su canosa y encardada melena y cogiendo sus enseres se dispuso a partir hacia quién sabe dónde. Su mirada reflejaba mayor sabiduría de la que alcanzamos la mayoría de los mortales en toda una vida. Sus hombros caídos soportaban el peso de un pasado entre escenarios, drogas, alcohol… Y sexo.

Así se fue el músico, arrastrando los pies más que caminando, envuelto entre una multitud que parecía ignorarle. Invisible entre aquellos que tiempo atrás le habían aclamado. Fans que hubieran empeñado hasta la vida por una simple firma, y que ahora le miran por encima del hombro cuando dejan resbalar entre sus dedos las monedas sobrantes de la compra. La vuelta de un billete de diez. Y el ticket marca nueve con noventa y ocho.

Pero él se lo agradece igual.

Viejo músico callejero, que en tu día fuiste un héroe y ahora deleitas a los transeúntes con tu talento, pidiendo a cambio poco más que nada.

Sin embargo, entre esa barba blanquinegra se atisba una sonrisa; unos labios arqueados por el recuerdo de un tiempo pasado. No mejor, tampoco peor. Simplemente pasado.

El paso del tiempo ha tallado en su cara lecciones de vida que sus manos grabaron al compás de los acordes en su guitarra. Lecciones que algunos intuyen, muchos omiten, pero todos acabamos comprobando.

Pasó su fama. Quemó su fortuna entre marihuana. La sumergió en whiskey caro. Y lo poco que le quedaba lo esnifó en vientres de burdel.

Pasaron los días de juergas, de borracheras, de ser un dios.

Pasó el pasado.

Pero su amor nunca le ha dejado. Su amante ha permanecido a su lado aún cuando el resto del mundo parecía desvanecerse.

Viejo músico callejero, entre mujeres y alcohol encontraste al amor de tu vida. No la dejes. No la olvides. Ella siempre estará contigo.

La música nunca te abandonará.

Autor: Miguel Blanco Pedrero.

Aquí les dejo una poesía de mi hermana argentina.

EL BOSQUE

Un bosque de flores secas
mariposas muertas,
pájaros negros,
eternos caminos de piedras,
espejos rotos que no reflejan,
recuerdos tristes y grises.

Sueño que sueñas
las imágenes de mis laberintos
de oscuras estrellas
y perfumes de suspiros.

Estás dentro de mi cabeza
perdido en la esencia nocturna
de la extraña belleza
que siempre me rodea.

Ahora ves con mis ojos
somos uno en dos,
ya estás cerca.
Matémonos.

Autor: Eleanor Smith.

AGRADECIMIENTOS ESPECIALES:

Es mi deseo plasmar aquí mi gran satisfacción, emoción y mis más profundos agradecimientos a **Miguel Blanco Pedrero** (amigo y colaborador con la maquetación) y **José Manuel Bustos Gisbert** (amigo y ayudante en la corrección y maquetación). Así como a **Juan Francisco Blanco** por asesorarme y su ayuda. Sin ellos, este libro no hubiera visto nunca la luz. Mis más sinceras felicitaciones, porque esto también es obra vuestra.

Mis agradecimientos también para **Bubok Publishing S.L.** por hacer más fácil y accesible la publicación a los escritores.

DATOS DE CONTACTO:

Puedes encontrar a Julián Nailes en Facebook.

E-mail: aquinuncallegarastarde@hotmail.com

Blog personal: http://aquinuncallegarastarde.blogspot.com/

ÍNDICE